성공하는 직장인과 실패하는 직장인의 차이는 무엇일까?
그것은 스스로의 삶을 어떻게 디자인하고
어떻게 경영해 왔는지의 결과가 말해 줄 것이다.

좋은 습관이
큰 미래를 만든다

강규남·유현우 지음

이지출판

성공을 부르는 좋은 습관

성공하는 직장인과 실패하는 직장인의 차이는 무엇일까? 그것은 스스로의 삶을 어떻게 디자인하고 어떻게 경영해 왔는지의 결과가 말해 줄 것이다.

요즘 직장생활의 수명이 점점 짧아지고 있다. 미국의 한 조사에 의하면, 현대인은 직업을 10번 이상 바꾼다고 한다. 그리고 신입사원 중 1%만이 10년 후까지 살아남는다고 한다. 그만큼 다변화하고 있고 다양한 기회가 있다는 뜻이기도 하지만, 치열한 경쟁을 뚫고 나가야 한다는 의미이기도 하다.

이 책은 그런 직장생활을 시작하는 새내기들이나 이미 샐러리맨 생활을 하고 있는 직장인들이 알아 두면 좋을 '습관'에 관한 귀중한 정보들을 모아놓은 것이다. 자기주장이 강한 젊은이들이 리더로 성장해 나가는 데 반드시 몸에 익혀야만 하는 기본 매너들을 이해하기 쉽게 이야기하듯 설명해 놓았다.

또한 20대 직장인으로 산다는 것의 의미를 재해석하고, 지금 몸담고 있는 직장에서 반드시 필요한 리더십, 소통문제, 시간관리, 자기계발 등 20대에게 꼭 필요한 습관, 위기를 희망으로 바꿀 수 있는 좋은 습관의 힘이 우리를 어떻게 변화시키는지에 대한 정보가 담겨 있다.

어느 때보다 극심한 취업난을 겪고 있는 젊은이들을 대변하는 말 중에 토익과 취업 강좌만 찾아다니는 '강의 노마드족', 일찌감치 취업은 포기하고 고시로 눈을 돌리는 '방살이족', 아르바이트로만 살아가는 '프리터족' 등이 있다. 이 말 속에는 젊은이들이 얼마나 큰 상실감과 위기의식을 갖고 있는지 잘 드러나 있다.

여기서 살아남아 취업도 하고 승진도 하고 또 창업도 하려면 자신을 무한히 확장시켜 나가야 한다. 그동안 터득한 지식을 업무와 효과적으로 연결하여 성과를 창출해 내어 직장에서 인정받고, 끊임없는 열정과 자기계발을 통해 전문가로 자리매김을 해 나가야 한다. 그러기 위해서 가장 먼저 해야 할 일은 좋은 습관을 갖는 것이다.

마이크로소프트사 빌 게이츠 회장이 "Chang변화의 g를 c로 바꾸면 Chance기회가 된다"고 한 것처럼, 변화 속에는 반드시 기회가 숨어 있다. 매사를 긍정적으로 생각하고 좋은 습관을 익히면 자기 분야에서 성공적인 전문가가 될 수 있다. 내 안에 성공의 파랑새가 있다는 것을 기억하고 내가 변하면 회사가 변하고 조직과 국가와 세계가 변하게 된다는 것을 명심하기 바란다.

2014년 3월
강규남 · 유현우

Contents

Prologue　　성공을 부르는 좋은 습관　4

1부 나를 변화시키는 직장 매너

인사는 적극적으로 다가가서 하라　14

좋은 인상을 주는 바른 인사법　16

인사는 지나칠 정도로 하는 것이 좋다　18

말이 입힌 상처는 칼이 입힌 상처보다 크다　20

품위를 손상시키는 말투　22

푸념은 스스로 어리석음을 나타내는 것　24

안내 데스크는 바로 그 회사의 첫인상　26

고객을 대할 때는 기교보다 진실한 마음으로　28

좋은 얼굴이 추천장이라면, 좋은 마음은 신용장이다　30

현관에 들어서기 전부터 바른 자세를　32

방문자가 지켜야 할 최소한의 룰　34

방문객 안내는 바르고 확실하게　36

명함 교환은 바른 동작으로 스마트하게　38

응접실에 안내되었을 때 지켜야 할 매너   40

남을 소개할 때는 신중해야 한다   42

비즈니스를 위한 소개 방법   44

전화 전달은 간결명료하게   46

전화 곁의 말소리는 곧바로 상대의 귀에 들어간다   48

사람은 그 복장과 같은 인간이 된다   50

지나치게 짙은 화장은 방해가 된다   52

구두로 사람의 품위를 알 수 있다   54

글은 곧 그 사람의 인격이다   56

문서는 첫 문장에 의해 모든 것이 결정된다   58

2부 나를 변화시키는 비즈니스 매너

미리 계획을 세우는 습관이 중요하다   62

아침밥은 꼭 챙겨 먹어라   64

여유 있는 출근, 기분 좋은 하루를 보장한다   66

예정표를 만들고 그에 따라 행동하라   68

일은 PDS 원칙에 의해 실행하라   70

일에 흥미를 가지면 즐거움이 배가된다   72

어떤 일이든 거기에 맞는 방법을 찾아서 실행하라   74

이마의 땀으로 빵을 얻지 않으면 안 된다   76

업무보고 때 장황하게 늘어놓지 마라   78

언제 어디서나 메모하는 습관을 가져라   80

이야기를 잘 듣는 사람은 실수하지 않는다   82

실패에 대한 변명은 실패를 더욱 드러나게 한다   84

출석만 하면 된다고 생각하는 사람은 회의에 나올 자격이 없다   86

침묵은 금, 하지만 회의 때의 침묵은 죄악이다   88

시간 약속이 있는 경우에는 확실한 교통수단을 이용하라   90

외출할 때는 행방을 분명히 밝혀야 한다   92

예정 밖의 행동은 회사에 커다란 폐가 된다   94

자기 의견만 주장해서는 안 된다   96

출장은 사전 준비를 완벽하게 갖춰야 한다   98

출장지에서는 바로 자신이 회사 대표다   100

실수를 솔직하게 인정하라, 자기변명은 창피함을 더하는 것이다   102

회사 용품을 낭비하면 자기 이익도 감소한다   104

정돈된 작업 환경은 생산성이 배가된다   106

정리정돈의 원칙은 버리고 결정하고 제자리에 놓는 것   108

직장의 안전은 각자의 건강관리에서   110

실패를 두려워하지 마라, 오히려 좋은 약이 된다   112

작은 실수를 했을 때야말로 자기반성을 할 기회다   114

3부 나를 변화시키는 근무 태도

아침의 한 시간은 밤의 두 시간과 맞먹는다   118

몇 분의 지각이 인생의 지각으로 이어진다   120

업무 규정 또는 규칙은 반드시 지켜야 하는 행동 규범이다   122

규율은 하찮은 것일지라도 반드시 지켜야 한다   124

사고로 늦을 때는 전화 연락을 해야 한다   126

숙취로 인한 지각은 있을 수 없는 일   128

무단결근은 어떤 경우라도 용납되지 않는다   130

작은일을 잘 해내면 큰일은 저절로 처리된다   132

그날 해야 할 일은 그날 끝내라   134

건성으로 한 일은 반드시 결과로 나타난다   136

게으름을 피우면 금방 표가 난다   138

잡담은 휴식시간에나 해라   140

다른 일을 하면서 응대하는 것은 큰 실례다   142

잡담할 시간 있으면 생각하고 궁리하라   144

인간의 신경은 두 가지 일에 집중할 수 없다   146

4부 성공을 부르는 힘의 원천

실행이 곧 도전이다   150

당장의 실행, 성공의 제스처   152

자신감의 가치   154

진정한 용기란   156

인내하는 자만이 용감한 심장을 얻는다   158

성공한 삶의 첫째 조건은 건강!   160

건강을 유지하려면   162

독서하는 사람이 세계를 지배한다   164

제대로 된 독서법   166

잘하는 일에 매진하자   168

예절과 매너로 매혹시켜라   170

'한 가지'만 '제대로'   172

전적인 신뢰가 큰 사람을 만든다   174

믿음과 신뢰가 중요한 이유   176

질문은 당당하게   178

미래는 나의 것   180

시간을 지배하라   182

시간 관리의 중요성   184

현재에 집중하자   186

알아야 이긴다   188

감사, 서비스의 시작과 끝   190

불만은 비교에서 시작된다   192

말은 행동의 거울이다   194

모든 것의 시작은 생각으로부터   196

인내는 위대하다   198

5부 좋은 습관이 미래다

현실적인 비전은 간절하게   202

나를 잘 아는 것만큼 중요한 것은 없다   206

진정한 배움은 끝이 없다   208

나는 나를 얼마나 믿는가?   210

그 어떤 고난도 이길 수 있다   212

끊임없는 열정에서 오는 혜안   214

습관과 함께 필요한 것들   216

변명을 버리자   218

인류의 위대한 유산, 습관   220

과감한 결단   222

성패成敗에 대한 열정   224

낙관론자만이 세상을 변화시킨다   226

감사하고, 또 감사하라   228

내공을 갖춘 따뜻한 리더가 되자   230

진정한 프로가 되자   232

명확한 목표가 팀워크를 강화한다   234

현실은 꾸는 꿈만큼만 이루어진다   238

현실보다 뚜렷하게 상상하라   240

신념, 성공한 자의 종교   242

계산된 모험, 습관이 청춘이다   244

1부

나를 변화시키는
직장 매너

인사는 적극적으로 다가가서 하라

먼저 인사하라, 먼저 인사하는 사람이 승리자다.

회사에서 다른 부서 사람과 마주쳤을 때도 꼭 인사를 하는가? 모두 훌륭한 사회인이니까 인사를 하지 않는 사람은 없으리라 믿는다. 다만 진심에서 우러나온 인사와 의무적으로 하는 인사와는 상대에게 주는 인상이 전연 다르다. 왜 인사가 필요한 것인지 그 뜻을 잘 이해하고 있는 사람과, 그렇지 않은 사람에 따라 다른 점이 명확하게 나타난다.

인사를 단지 사회 통념상의 에티켓 또는 관습이라 생각하고 마지못해 의무적으로 하고 있는 건 아닐까. 인사가 에티켓이나 관습임에는 틀림없지만, 인사의 뜻을 좀 더 적극적으로 생각해 보자.

다시 말해서 인사란 상대에게 가까이 다가가서 적극적으로 해야 한다. 그저 아는 사이니까 할 수 없이 한다든가, 저쪽에서 먼저 인사를 해 왔으니까 해야 한다는 생각은 인사의 기본 의미와는 거리가 멀다.

이와 반대로 먼저 진심에서 우러나온 인사를 한다면 상대방도 틀림없이 다가올 것이다. 거기에서 서로 상대가 지닌 좋은 점을 알게 되고 인간관계가 형성된다.

인간은 누구나 존중받고 있다고 생각하는 상대에게는 거기에 부응하고자 하는 마음을 갖고 있다. 이 점을 명심하여 상대보다 먼저 인사하는 습관을 갖도록 하자. 그것은 바로 자신의 인간적 성장에 큰 도움이 될 것이다.

좋은 인상을 주는 바른 인사법

미소 짓지 않으려거든 가게 문을 열지 말라.

인사도 때와 장소에 따라 여러 가지 매너가 있다. 그 저 고개만 숙이는 것이 인사가 아니다. 특히 비즈니 스 사회에서는 그때그때 상황에 맞게 상대와 자기 입 장을 분별하여 인사를 하지 않으면 오히려 역효과를 초래하게 되는 경우도 있다.

회사에 아주 중요한 손님을 영접하는 경우에는 상체 를 앞쪽으로 많이 굽혀 정중하게 인사해야 한다. 만 일 이때 인사를 소홀히 한다든가, 혹은 너무 지나쳐 비굴하게 보이는 듯한 인사를 했다가는 되레 나쁜 인 상을 주게 되어 회사의 이미지까지 손상시키는 경우 가 있으므로 잘 기억해 두는 것이 좋겠다.

그리고 보통 때는 상체를 약 30도 정도 앞쪽으로 굽혀 인사하는 것이 좋다. 상사나 일반 손님들과 복도에서 마주쳤을 경우에는 옆으로 비켜선 자세로 상체를 30도 정도 굽혀 인사한다. 물론 상사와 자주 마주칠 때에는 가볍게 고개를 숙이면 된다. 동료의 경우에도 마찬가지다. 또 회사에서 낯선 사람을 만났을 때에도 가벼운 목례를 하는 것이 좋은 매너다.

요즘 서구식으로 악수를 좋아하는 사람도 있는데, 이때 유의해야 할 점은 윗사람이 먼저 손을 내밀면 악수하는 것이 예의다.

인사는 지나칠 정도로 하는 것이 좋다

용기와 예절은 아무리 많이 사용해도 바닥이 드러나지 않는다.

아침부터 무슨 기분 나쁜 일이라도 있는 듯 마주쳐도 "안녕하십니까!"라는 인사 한 마디 없이 그저 고개를 숙이고 지나쳐 버리는 사람이 있다. 이래서야 어떻게 서로 명랑한 기분으로 일을 시작할 수 있겠는가.

러시아의 작가 톨스토이는 "어떠한 경우에도 인사란 지나치다고 생각할 정도로 하는 것이 좋다"는 유명한 말을 남겼다.

인사란 마치 인간관계의 윤활유와도 같은 것이다. 윤활유가 모자라면 톱니바퀴가 원활하게 돌아가지 않는 것처럼, 인사하는 태도에 따라 회사의 분위기는 물론 거래처와의 관계에서도 일이 순조롭게 진행될 수도 있고 안 될 수도 있는 것이다.

복도에서 마주친 외부 사람에게 인사를 하지 않아, "저 회사 직원들은 예의가 바르지 못하다"는 나쁜 인상을 주게 되어 예기치 않은 결과를 초래하는 경우도 있다. 그렇다고 부동자세로 인사하라는 것은 아니다. 밝은 표정으로 머리를 약간 숙이는 것으로 족한다.

아침에 엘리베이터를 기다리고 있는 상사를 보고 계단 쪽으로 피한다든가 하는 어색한 태도를 취하는 사람도 있다. 이런 경우 상대방은 용케 잘 알아차리게 된다.

인사를 하지 않고 피함으로써 나쁜 인상을 주는 것과, 적극적으로 다가서서 밝은 표정으로 인사하여 상대에게 좋은 인상을 주는 것 중 어느 편이 유쾌한 마음으로 책상 앞에 앉을 수 있는가를 생각해 보자.
"인사는 부족하다고 느낄 정도보다는 지나치다고 생각할 정도로 하는 것이 좋다." 인사를 할까 말까 망설이기 전에 이 말을 되새겨 보자.

말이 입힌 상처는 칼이 입힌 상처보다 크다

이 세상을 번거롭게 하는 갖가지 불행의 대부분은 말에서 일어난다.

직장에서 절대로 있어서는 안 될 일은 동료들끼리 모이면 남의 이야기를 하거나 험담을 하는 것이다. 그 사람들에게는 스트레스 해소가 될지 모르나 이야기를 전해 들은 당사자는 불쾌하기 짝이 없다. 험담이나 남의 이야기는 아무리 몰래 한다고 해도 본인의 귀에 들어가게 마련이다.

나쁜 말은 오히려 크게 과장되어 전해진다. 그런 일로 인해 직장 분위기가 나빠져 업무상 제휴가 잘 안 된다거나, 또 본인이 입은 정신적인 상처 때문에 일에 대한 열의가 떨어지거나 하면 회사에 커다란 손실을 안겨 주는 결과를 가져오게 되는 것이다.

화가 났을 때 입에 담기 쉬운 험담이라 해도 직장에서는 절대 삼가야 한다. 비록 아주 작은 목소리로 했다 해도 본인에게는 그 부분만 민감하게 들리는 법이다.

모로코의 속담에 "말이 입힌 상처는 칼이 입힌 상처보다 크다"고 했듯이 아무튼 직장에서는 말조심을 해야 한다.

말을 하지 않으면 스트레스가 해소되지 않는다고 생각하는 사람은 집에 돌아가서 가족과 이야기하고, 직장에서는 절대로 입 밖에 내서는 안 된다. 더구나 듣는 사람이 가족이라 하더라도 그런 이야기는 별로 기분좋게 들리지 않을 수도 있다.

품위를 손상시키는 말투

말이 가벼운 사람은 책임도 지지 않는다.

주변에서 들리는 거친 말투가 귀에 거슬리는 경우가 있다. 학창시절에 친구들과 거리낌 없이 써오던 말을 갑작스레 경어로 바꿔서 쓰기가 어려울지도 모르겠다. 하지만 이제 사회인이 된 이상 학창시절에 쓰던 말들은 버려야 한다. 입사한 지 1년 된 사람이나 20년 된 사람이나 모두 사회인인 것이다.

'말씨는 바로 자기자신을 나타내는 것'이라 했듯이 실제로 말씨는 그 사람의 인간성이나 품위를 나타낸다. 회사에 들어와서도 친구들 사이에서 쓰던 말을 그냥 쓰고 있는 사람이 있다면 '아직도 학생 기분을 버리지 못하고 있다'는 인상을 주게 된다.

그래도 회사에서는 충고를 해 주는 사람이 있지만 밖에서는 전혀 허용되지 않는다. 사회인으로서 특히 중요한 것은 경어 사용이다. 만일 경어를 쓸 줄 모른다면 한층 그 사람의 교양이나 품위를 의심받게 된다. '이런 정도의 사람인가' 라는 인식을 심어 주게 되어 비즈니스도 잘 할 수 없다. 그야말로 바닥이 드러나는 결과가 되어 버리고 만다.

경어는 상대의 입장을 존중하고 인정하고 있음을 나타내는 말씨다. 후배 또는 함께 입사한 동료, 그리고 상사나 회사 손님에게 경어를 쓰지 않는 것은 "나는 당신을 인정하지 않고 있습니다"라고 말하는 것과 다를 바가 없다.

비즈니스는 서로 존중해 주지 않으면 성립될 수 없다. 친구들끼리 상대하는 것과는 다르다. 거기에는 올바른 경어 사용이 무엇보다도 중요하다. 다시 한번 강조하는데, 경어를 쓸 줄 모르면 비즈니스인이라고 할 수 없다.

푸념은 스스로 어리석음을 나타내는 것

말은 한 사람의 입에서 나오지만, 천 사람의 귀로 들어간다.

퇴근 무렵 호프집은 직장인들로 꽉 차 있다. 그런데 여기저기서 들려오는 소리는 대개 회사에 대한 푸념이다. 이것 역시 스트레스 해소법 중 하나일까?

술을 마시면 넋두리가 나오는 것은 샐러리맨들의 공통점인데, 이왕이면 긍정적인 얘기를 나누었으면 좋겠다. 좋은 말을 하면 자신에게 좋은 영향으로 다가오고 부정적인 말은 좋지 않은 영향을 미치는 것이다.

직장 내에서 푸념을 하는 것은 절대 금물이다. 일이 뜻대로 잘 진행되지 않거나 재미없으면 저절로 푸념이 나오는 것을 자주 본다. 그 푸념을 듣는 사람의 기분은 과연 어떨까? 매우 불쾌한 생각이 들 뿐 아니라 일의 진행에도 영향이 있고 "될 수 있는 대로 이 사람 곁을 떠났으면 좋겠다"는 생각을 갖게 될 것이다.

푸념이란 듣는 사람에게는 귀에 거슬리는 것이다. 일을 하는 중에는 더욱 그렇다. 푸념이란 말은 '분간 못하는 어리석음'이란 뜻이다. 따라서 푸념을 하는 것은 "나는 분간할 능력이 없는 사람입니다" 하고 스스로 남에게 알리는 것과 같다.

직장에서 도리를 분별하지 못하는 사람은 유해한 존재다. 그러므로 푸념은 듣는 사람이 싫어하는 것도 당연하다 하겠으며 미움을 사게 마련이다.

여러분은 회사에 들어온 이상 모두 현명한 사람들일 줄 안다. 현명한 사람이 스스로 어리석은 행동을 하는 일이 없도록 해야 할 것이다. 다시 한번 말하지만, 푸념이란 바로 어리석음을 나타내는 것이다.

안내 데스크는 바로 그 회사의 첫인상

첫 인상이 마지막 인상이다.

어느 회사를 방문했는데 조금 언짢은 일이 있었다. 안내 데스크에 앉아 있는 두 여직원이 방문 상대가 나타나기를 기다리고 있는 내 귀에 방문객을 품평하는 듯한 목소리가 들려왔던 것이다. "액세서리가 너무 화려한 것 같지 않아?"라는 매우 경솔한 대화였다.

나는 괘씸하다고 느꼈을 뿐만 아니라 이 회사의 직원 매너 교육이 잘못되었구나 하고 생각했다. 직원 교육을 제대로 하지 않아, 말하자면 찾아온 손님을 소중하게 여기는 마음을 심어 주지 못한 그런 인상을 받았다.

나는 안내 데스크 직원들에게 이렇게 말해 주고 싶었다. "방문객을 품평하기에 앞서 여러분의 회사가 품평을 받고 있는 것이다. 방문객이 느끼는 품평은 바로 여러분 회사 전체의 품평이다"라고.

안내 데스크는 그만큼 중요한 위치다. 그런데 담당 직원도, 나아가서 경영자나 관리자 모두 이 점을 알지 못한다. 여러분도 방문객을 맞을 기회가 있을 텐데, 그때 당신의 말씨나 태도가 회사 전체의 이미지라는 것을 알아야 한다.

그런 의미에서 매 순간 당신은 매우 중요한 역할을 연출하고 있는 것이다. 방문객과 접할 때 당신은 회사의 대표다. 그러므로 에티켓을 정확히 알아 두어야 한다. 당신의 태도는 바로 회사의 이미지다. 이는 비즈니스인에게 꼭 필요한 상식이다.

고객을 대할 때는 기교보다 진실한 마음으로

고객 욕구를 충족시키는 절차는 내부에서 시작된다.

신입사원 교육 때 대부분 고객이나 손님 접대 매너에 대해서 배운다. 그래서 기술적으로는 배운 대로 행하고 있지만 가장 중요한 점을 잊고 있는 사람이 많다. 그것은 손님 접대는 접객 기술보다 진실한 마음이 필요하다는 것이다. '고객만족 · 고객감동' 이라는 말처럼 그런 마음자세가 필요하다.

어느 회사 사훈에 '아무리 사소한 손님이라도 정중히 모시고 정성과 친절을 다하여 대합시다' 라는 것이 있었다. 우리 회사도 고객에게 '해피콜' 을 하는 것이 원칙이다. 그리고 '고객은 왕' 이라는 생각을 갖고 있다. 많은 회사들이 고객에 의해 유지되고 발전하는 것이다.

상대를 업신여기는 생각은 반드시 태도에 나타난다. 우리가 흔히 '중요한 고객이니까' 라고 말하는 것은 그 손님이 다른 사람보다 더 중요하다는 뜻이 아니라, 고객은 누구나 모두 중요하다는 뜻이다.

앞서 말한 회사는 이전에는 한 가지 제품을 제조 판매하였으나 요즘은 '고객감동'이란 슬로건 아래 최고의 서비스로 중소기업으로 성장했다. 말하자면 오랜 세월을 두고 정성과 친절로써 대중의 마음을 사로잡았던 것이다. 이와 같이 고객의 마음을 사로잡을 수 있도록 세심한 주의를 기울여야 한다.

안양에 있는 어느 병원 곳곳에 '환자감동'이라고 적혀 있는 걸 보고 요즘에는 병원에서도 서비스의 중요성을 인식하고 있다는 것을 알았다. 진실한 마음으로 고객을 대해야 한다.

좋은 얼굴이 추천장이라면,
좋은 마음은 신용장이다

친절은 사회를 움직이는 황금의 쇠사슬이다.

좋은 마음이 고운 얼굴을 만든다. 고객을 대할 때 가
장 중요한 것은 그 사람의 얼굴 표정이다. "어서 오십
시오" 하고 인사는 정중히 하면서 무뚝뚝한 표정으로
대한다면 상대방의 기분은 당장 나빠질 것이다.

영국 작가 불버 리튼의 말 중에 이런 명언이 있다.
"좋은 얼굴이 추천장이라면, 좋은 마음은 신용장이다."

좋은 얼굴로 대하면 그것만으로도 우선 상대는 "좋은
사람인 것 같다"며 마음의 문을 열게 된다. 그리고 또
말을 주고받는 가운데 "착한 마음을 가진 사람이군.
이 사람 같으면 믿을 수 있겠는데" 하는 생각을 갖게
되는 것이다. 말하자면 좋은 얼굴은 그 사람의 추천
장 역할을 다한 것이라고 할 수 있다.

이것은 틀림없는 사실이다. 초면인 사람과 마주쳤을 때, 누구나 먼저 상대의 얼굴을 본다. 그리고 상대가 자기를 진심으로 환영하고 있는지 금방 판단하게 된다. 더구나 경험이 풍부한 사람은 일순간 얼굴을 보는 것만으로도 그 사람이 어떤 성격을 가졌는지를 알아차릴 수 있다.

손님을 맞이할 때 얼굴이 얼마나 중요한 요소인지를 짐작할 수 있다. '눈은 마음의 창'이라고 하듯 좋은 얼굴이란 기교로 만들어지는 것이 아니다. 다만 진심으로 환영하고자 하는 기분이 있어야만 비로소 그런 얼굴이 되는 것이다. 그러므로 좋은 얼굴은 바로 '추천장'이 되는 것이다.

현관에 들어서기 전부터 바른 자세를

인간의 행실은 각자의 이미지를 보여 주는 거울이다.

우리 회사에서는 입사원서를 접수할 때부터 방문 태도를 매우 중시하여 접수 담당자에게 현관에 들어설 때의 태도부터 체크하게 하고 있다. 예를 들면 "친구와 함께 와서 현관 앞에서 헤어졌다"든가, "피우던 담배를 현관 앞에서 길에 버렸다"는 등의 상황을 일일이 메모했다가 나중에 보고하도록 하고 있다.

지원자는 접수처에서부터 바른 태도를 취하지만, 이미 그 전부터 관찰받고 있었다는 점에 대해서는 그다지 신경을 쓰지 않는 것 같다.

어느 회사 인사부장이 이런 말을 한 적이 있다.
"친구를 현관 앞까지 데리고 오는 사람은, 비록 입사 시험 성적이 좋더라도 떨어뜨린다. 그런 사람은 회사에 들어와서도 눈에 띄지 않는 곳에서 어떤 일을 할지 알 수 없고 일에 대한 자세도 좋지 않다."

이런 일은 비단 입사지원자에 한정된 것은 아니다. 타사를 방문할 때도 현관에 들어서기 전부터 이미 자기 태도를 보고 있다고 생각하자. 현관 앞에서 담배 꽁초를 버린다거나, 여직원의 얼굴을 빤히 쳐다본다든가 하는 태도는 삼가야 한다.

타사를 방문할 때는 회사 근처에서부터 마음을 가다듬고 단정하고 절도 있는 태도를 취하도록 하자. 접수처에서부터는 이미 늦는다. 그리고 안면 있는 직원과 마주쳤을 때에는 먼저 밝은 얼굴로 가볍게 인사하는 것을 잊지 말자.

방문자가 지켜야 할 최소한의 룰

시간 엄수는 군주의 예절이다.

이제부터 다른 회사를 방문할 기회가 많을 것이다. 그럴 때 최소한 이것만은 꼭 알아두어야 한다.

다른 회사를 방문할 때는 먼저 자신이 회사의 대표로 서 방문하고 있다는 마음가짐이 필요하다. 만일 방문 했던 일이 잘 안 되었다면 그것은 곧 회사에 낭패를 주는 것이다. 또 본인이 좋은 인상을 받았다면 회사가 좋은 인상을 받은 것과 다를 바가 없다. 그러므로 당신은 이 같은 마음자세로 임해야 한다.

그러기 위해서는 비즈니스 상식으로서 바른 원칙을 지켜나가야 한다. 룰을 지킬 줄 모르는 사람은 타사를 방문할 자격이 없다.

첫째, 전화로 사전에 방문 목적을 알리고 양해를 얻어야 한다. 아무 예고 없이 갑자기 방문하는 것은 실레이기도 하고, 또 상대의 사정이 여의치 않을 때는 시간만 낭비하게 된다. 만일 약속이 수일 후로 미루어질 때는 반드시 그 전날이나 당일 아침에 확인전화를 해야 한다.

둘째, 약속 시간을 꼭 지키는 일이다. 적어도 5분 전에는 당도하는 것이 예의다. 만일 긴급한 일이 생겨서 약속 시간에 갈 수 없게 되었을 경우에는 즉시 상대방에게 연락해야 한다. 그리고 약속 장소에 도착해서는 먼저 늦어진 것에 대해 사과해야 한다. 이미 전화로 연락했으니까 새삼스레 변명을 하는 것은 바람직스럽지 않다.

사전 예고와 약속 시간 엄수, 만일의 경우 사전 연락, 이것이 방문자로서 꼭 지켜야 할 최소한의 룰이다.

방문객 안내는 바르고 확실하게

다른 사람에게 미소를 짓고 찬사나 감사의 뜻을 표하는 것은
자기를 활기차게 만드는 최상의 방법이다.

얼마 전 나를 찾아온 어느 회사 사람이 농담조로 "들
어오는 입구에서 세일즈맨으로 오인받았습니다" 하
고 웃으면서 말했다. 그분은 웃으면서 말했지만 사실
은 내게 불만을 토로한 것이라 생각되었다.

회사에 접수 담당 직원이 없는 경우에는 방문객 안내
요령을 모든 직원이 잘 알아두어야 한다.

먼저 방문객이 찾아오면 그 사람을 상사나 담당자에
게 안내해야 할지를 판단하라. 회사에는 보험회사 설
계사들이나 사무기기 세일즈맨들도 찾아오므로, 방
문객이라고 무조건 안내해야 할 필요는 없다. 별안간
찾아온 것으로 생각될 때는 "먼저 약속을 하고 오셨
습니까?" 하고 물어봐야 한다. 그런 후 약속이 없는
경우에는 정중하게 용건을 물어보라.

대개 명함을 주면 "○○회사 ○○님이시군요" 하고 확인을 한다. 이것은 용건을 물어보기 전에 할 일이다. 이때의 에티켓으로 명함은 먼저 오른손에, 그리고 왼손을 곁들이는 식으로 두 손으로 받는다. 그런 다음 방문 용건을 물어보아 세일즈맨으로 판단되면 "미안합니다만 지금은 시간을 내기 어려우니 다음에 미리 전화를 하고 오시기 바랍니다" 하고 사절한다.

그 외의 경우에는 "잘 알겠습니다. 잠시만 기다려 주십시오" 하고는 방문 대상자의 자리에 가서 뜻을 전하고 합당한 지시를 받는다. 가장 중요한 것은 용건을 정중하게 묻는 일이다. 세일즈맨이라고 함부로 지레짐작해서는 안 된다. 이처럼 방문객의 안내는 바르고 확실하게 하도록 유의하자.

명함 교환은 바른 동작으로 스마트하게

공손이란 가장 친절한 방법으로
가장 친절한 것을 향하고 말하는 것이다.

다른 회사를 방문했을 때 처음 만나는 경우에는 반드시 명함을 교환하는 것이 좋다. 그러므로 출발하기 전에 명함을 확인해야 한다. "명함을 준비하지 못해 죄송합니다"라는 변명은 통용되지 않는다.

만일 여러 건의 방문이 있어서 정말로 명함이 떨어졌을 경우에는 명함 크기의 백지 카드를 사서 펜으로 깨끗하게 적은 다음, "대단히 죄송합니다만 준비한 명함이 떨어져서…" 하고 서두를 꺼낸다. 상대가 먼저 명함을 건네는데 방문한 쪽에서 이리저리 명함을 찾는 것은 예의가 아니다. 상대의 명함을 받을 때는 원칙적으로 두 손으로 공손히 받아야 한다.

만일 상대와 거의 동시에 명함을 꺼냈을 때는 오른손으로 명함을 주고 왼손으로 받는다. 어느 쪽이든 간에

이 동작은 상대에게 가까이 다가가서 주고받아야 한다. 한쪽 손을 쭉 뻗어서 건네는 것은 아주 실례되는 동작이다.

또 받은 명함은 책상 위에 올려놓고 상대의 직함이나 이름을 확실히 기억하도록 해야 한다. 상대가 여럿인 경우에는 앉은 순으로 늘어놓는다. 그리고 책상 위에 놓인 명함은 흐트러짐 없이 바르게 놓아 두는 것도 중요한다. 책상 아래로 떨어뜨린다든지 서류 속에 섞여 들어가는 경우가 없도록 조심해야 한다. 자기 명함이 함부로 취급당하는 것만큼 불쾌한 일은 없다. 모쪼록 정중함을 잃지 않아야 한다.

응접실에 안내되었을 때 지켜야 할 매너

강물이 모든 골짜기의 물을 포용할 수 있는 것은 아래로 흐르기 때문이다. 아래로 낮출 수 있으면 위로도 오를 수 있게 된다.

회사를 방문하면 응접실로 안내하는 경우가 많다. 그런데 응접실에서의 매너를 잘 모르는 사람이 의외로 많다. 예를 들어 응접실에서 어느 쪽이 윗자리이고 어느 쪽이 아랫자리인지 알고 있어야 한다.

이제부터 방문할 기회가 많아질 테니 응접실에서 지켜야 할 매너를 잘 익혀 두기 바란다.

응접실에서는 입구에서 먼 쪽이 윗자리, 가까운 쪽이 아랫자리다. 윗자리에는 보통 등받이와 팔걸이가 있는 의자가 놓여 있다. 안내를 받으면 입구 가까운 곳에 앉는 것이 원칙이지만, 대개는 안내한 사람이 "이쪽으로 앉으십시오" 하고 윗자리를 권하므로, 그때는 사양하지 말고 앉는 것이 에티켓이다.

안쪽에 중역의 책상이 놓여 있는 경우에는 입구에서 가까운 자리에 앉아야 한다. 다만 회사에 따라 다를 수도 있으므로 잘 모를 때는 안내해 준 사람에게 "어느 의자에 앉아야 합니까?" 하고 물어봐도 상관없다.

응접실에서 상대를 기다리며 실내를 왔다갔다해서는 안 된다. 그리고 탁자 위에 있는 책이나 잡지 같은 것은 보아도 괜찮지만, 책장에 꽂혀 있는 책을 꺼내 보는 것은 실례다.

탁자 위에 있는 물건에 손을 대는 것도 좋지 않고, 조용히 앉아서 기다리는 것이 좋다. 그리고 상대가 들어오면 즉시 일어나서 인사를 해야 한다. 앉은 채로 인사를 하는 일이 없도록 하고, 어떤 경우에도 건방지게 보이지 않도록 주의를 기울여야 한다.

남을 소개할 때는 신중해야 한다

무슨 일이 일어나더라도 책임은 모두 자신에게 있다는
사실을 명심하라.

비즈니스 세계에서는 남을 소개하기도 하고 소개받
는 기회가 많다. 이와 같은 소개는 매우 중요한 역할
을 하는데, 그것이 좋은 역할뿐만 아니라 때로는 크
나큰 실패로 이어지는 경우도 있다.

아직도 우리 기억에 생생하게 남아 있는 모 대학 부
정입학 사건을 예로 들어보겠다. 사건 내용이 명백하
게 밝혀졌지만 그 사건에는 한 교수의 소개가 있었
다. 그 교수는 아주 선량한 사람이었다는데, 그가 소
개한 사람이 부정입학이란 결과로 이어졌던 것이다.

처음부터 그 교수에게 악의가 있었는지는 알 수 없지
만, 결국 자신이 소개한 사람으로 인해 범죄를 낳고
세상을 떠들썩하게 한 것임에는 틀림없다. 단지 사람
을 소개한 것에 지나지 않았다고 한다면, 이보다 더
경솔하고 불행한 일이 어디 있겠는가.

이와 유사한 크고 작은 사건들은 얼마든지 있다. 만일 소개한 사람이 업무와 관련되어 있다면 회사로서의 책임도 붙어 다닐 것이고, 개인적 관계일 때는 일생동안 무거운 짐을 지게 되는 것이다.

그렇다고 해서 소개를 전적으로 거부하는 것은 잘못된 생각이다. 다만 소개라는 것이 얼마나 중요한 사회적 의미를 지니고 있는가를 생각하고, 앞으로 남을 소개할 때는 아주 신중해야 한다.

절대로 안이한 생각을 가지고 소개해서는 안 된다. 나중에 큰 문제가 생기게 되면 결국 그 책임이 자신이나 회사에 불이익으로 돌아오는 경우가 있다.

비즈니스를 위한 소개 방법

남을 칭찬함으로써 자기가 낮아지는 것이 아니다.
도리어 자기를 상대방과 같은 위치에 놓는 것이 된다.

신중을 기하는 것이 매우 중요하지만 책임이 무겁다
고 해서 언제나 발뺌을 하는 것은 옳은 일이 아니다.
마땅히 소개해야만 될 경우 외면하는 사람은, 자기도
다른 사람으로부터 소개받을 수 없게 되므로 자연히
인간관계의 폭이 좁아질 수밖에 없다.

비즈니스에서 소개란 마치 의무와도 같은 성격을 가
지고 있으며 소개 방법은 두 종류가 있다. 첫째는 바
로 그 자리에서 소개하는 직접 소개, 둘째는 전화를
이용하거나 서면으로 소개하는 방법이 있는데, 이런
경우에는 서면에 의한 방법이 낫다.

직접 소개할 경우에는 지위가 낮은 사람을 높은 사람
에게 소개하는 것이 원칙이다. 예를 들면 상대 회사
부장에게 동료를 소개할 때는 "우리 회사의 ○○○입

니다"라고 소개한다. 동료에게 상대 회사 부장을 먼저 소개해서는 안 된다.

전화로 소개할 때는 양자 사이가 친밀한 경우라야 하며, 서로 친한 경우에는 서면보다 전화를 이용하는 것이 오히려 의사 전달이 잘 될 수 있다. 서면으로 소개하는 경우에는 정식 소개가 되므로 그만큼 소개하는 사람의 책임이 무거워진다. 서면에는 본인의 약력, 인물평, 자기와의 관계를 간단명료하게 적은 다음 봉투에 넣어 전달한다.

또 이 방법을 간략화한 것 중 명함 소개가 있는데, 명함에 간략하게 소개문을 쓰는 경우도 있다. 그러나 이 방법은 윗사람에게는 큰 실례가 되므로 남발하지 않는 것이 좋다.

전화 전달은 간결명료하게

현명한 사람이 되려거든 사리에 맞게 묻고, 조심스럽게 듣고,
침착하게 대답하라. 그리고 더 할 말이 없으면 침묵을 배워라.

전화는 서로 용건을 주고받는 것이다. 비즈니스 용건 전달은 간단명료하면 할수록 좋지만, 전화의 경우 상대가 보이지 않는 만큼 특히 간결하고 명료해야 한다. 전화를 걸 때도 물론이지만, 받아서 담당자에게 전달할 경우에도 요령이 있어야 한다.

이때 시간이 많이 걸리면 상대의 기분은 불쾌해지고 만다. 경험이 있는 사람도 있겠지만, 관공서에 어떤 일을 문의하면 최종 답을 듣기까지 몇 번씩 같은 말을 되풀이하지 않으면 안 된다. 즉 "그것은 아무개가 담당이다. 전화를 돌려주겠다"는 식의 응대를 몇 번 거치지 않고서는 목적을 이룰 수 없다. 만일 회사의 경우 같은 말을 반복하게 한다면 그 회사의 신뢰는 사라지고 말 것이다.

전화를 받는 사람은 상대의 목적을 재빨리 파악하는 것이 중요하다. 만일 전화 상대가 담당자의 이름을 지명하지 않는 경우에는 빨리 용건을 확인하고 "그 일은 ○○○가 담당이니 곧바로 바꾸겠다" 하고 당사자에게 전화를 넘기도록 하라. 상대의 용건을 다 듣고 나서 전화를 바꾸면 상대방은 같은 말을 되풀이하지 않으면 안 되고 짜증이 나게 되는 것이다.

만일 용건 내용이 분명하지 않아서 다 듣고 났을 경우에는 담당자에게 간결하게 내용을 전하고 전화를 바꾸도록 해야 한다. 또 담당자가 자리에 없을 경우에는 전갈 형식이 되므로 특별히 요점을 명확히 파악하지 않으면 안 된다. 상대에게 같은 말을 되풀이하도록 하는 것만은 피해야 할 것이다.

전화 곁의 말소리는
곧바로 상대의 귀에 들어간다

말은 한 사람의 입에서 나오지만, 천 사람의 귀로 들어간다.

"어느 회사 부장에게 전화를 했더니 자리에 있으면서 없다고 하라는 부장의 명령조 목소리가 들려왔어요. 수화기를 손으로 막지 않고 부장에게 전달한 남자 직원의 실수였겠지만, 저는 그만 화가 나서 '당신 가까이에 있는 '외출하셨다는 부장에게 한 시간 후에 다시 전화하겠다고 전해 주시오' 하고 끊어 버렸습니다."

대개 있으면서도 없다고 따돌리는 경우가 있다. 하지만 상대방은 금방 알아차린다. 전화 가까이에서 하는 말소리는 의외로 귀에 잘 들리는 법이다.

이와 비슷한 일로 매우 불쾌했던 적이 있다. 담당자와 통화하고 있는데 누군가 옆에서 어드바이스를 하는 듯한 작은 목소리가 들려왔다. 만일 이때 회사의 중요한 정보가 포함되어 있었다면 그야말로 큰일 날 일이다.

또 전화 곁에서 다른 말소리가 들리면 수화기의 소리를 알아듣기 어렵다. 전화 응답은 마치 응접실에서 마주 앉아 대화하는 것이나 다를 바 없다. 먼저 주위를 조용하게 해서 잘못 듣는 일이 없도록 해야 하며, 전화 가까이에서 상대를 중상모략하는 말은 절대로 하지 말아야 한다.

하물며 있으면서 없다고 따돌리는 것은 매우 옳지 않은 방법이다. 전화의 경우에도 찾아오는 고객을 대할 때와 똑같은 매너로 응대해야만 한다.

사람은 그 복장과 같은 인간이 된다

너그럽고 상냥한 태도, 그리고 사랑을 지닌 마음, 이것은 사람의 외모를 아름답게 하는 말할 수 없이 큰 힘이다.

새 옷을 입었을 때의 기분은 어떤가? 마음까지 새로워진 것 같은 신선한 느낌이 들지 않는가. 자기가 좋아하는 옷을 입고 있으면 자연히 마음까지 즐거워진다.

이와는 반대로 마음에 들지 않는 옷을 입고 있으면 기분까지 우울해진다. 복장이란 이와 같이 참으로 이상한 것이어서 사람의 외관뿐만 아니라 내부까지 영향을 준다.

나폴레옹은 일찍이 "사람은 그 제복과 같은 인간이 된다"고 말했는데, 정말 옳은 말이다. 군복을 입으면 우선 기분부터 군인이 되고, 백의를 걸치게 되면 간호사로서의 자신을 자각하게 된다. 회사에서 유니폼을 입는 것은 근무시간 중에는 직원이란 자각심을 가지고 일에 전념해 달라는 뜻에서인 것이다.

놀러 갈 때 복장으로 일을 한다면 놀이 반 일 반 기분으로 일을 하게 되어 능률이 오를 리 없다. 반대로 깔끔한 복장을 하게 되면 몸과 마음이 긴장된다.

출근 복장은 어떤가. 가끔 어울리지 않는 옷을 입고 회사에 나오는 사람을 보게 되는데, 직장에 근무하는 사람이면 출근할 때부터 일에 대한 마음의 준비가 되어 있지 않으면 안 된다. 남성은 비즈니스맨다운, 여성은 비즈니스우먼다운 복장을 갖춰야 한다.

따라서 '~다운' 복장을 하는 것이 중요하다. 아침에 집을 나서기 전에 일에 대한 진지한 마음가짐을 갖도록 하자. 그렇기 때문에 복장의 선택은 신중해야 한다. 몸에 걸치는 옷 하나만으로 좋게도 나쁘게도 보일 수 있다는 것을 늘 염두에 두어야 한다.

지나치게 짙은 화장은 방해가 된다

거울 앞에 있을 때처럼 이마의 주름을 펴라.
그것이 명랑해지는 비결이며 늙지 않는 미덕이다.

여성이라면 자기만의 화장법이 있을 것이다. 각자 개
성에 맞게 화장을 하지만, 때로는 개성을 지나치게
나타내는 짙은 화장을 하는 사람도 있다. 어떤 화장
을 하든 개인의 자유에 속하는 것이지만, 비즈니스인
경우에는 직장의 규칙이나 매너의 범주 안에 있다는
것을 기억해 주기 바란다.

어느 정밀기기 제조회사에서는 여직원의 화장을 금
지하고 있다는데, 아주 정밀을 요하는 제품 생산 공
정 중에 분가루가 떨어지면 그 제품은 못쓰게 되기
때문이다. '너무 지나치다' 고 불평하는 여직원을 본
적이 있는데, 제품을 위해서라면 협조를 해야 하며,
불만 있는 직원은 자기 역할을 올바르게 인식하지 못
하는 사람이라고밖에 볼 수 없다. 이런 사람은 '뭣하
러 회사에 나왔느냐' 는 비난을 받을 것이다.

일반 직장에서도 마찬가지다. 요컨대 필요 이상의 짙은 화장은 일에 방해가 된다. 야한 화장을 한 사람이 가까이에 있다면 눈에 거슬릴 것이고, 향수 냄새를 풍긴다면 일에 임하는 자세가 자연 산만해지게 될 것이다.

그리고 또 방문자는 '이 회사는 도대체 뭘 하는 회사인가'라고 생각할지도 모른다. 짙은 화장은 다른 사람에게 폐를 끼친다. 항상 청결하고 밝은 느낌을 주는 화장을 하기 바란다. 여성의 머리처럼 화장은 바로 자기자신의 인격을 나타내는 것이다.

구두로 사람의 품위를 알 수 있다

겉모습만 보고 판단하지 말 것. 첫인상이 중요하긴 하지만
그 중요성에 비해 그 정확성은 그리 신뢰할 만하지 않다.

대체로 양복에 대해서는 신경을 쓰는 듯한데 신발까
지는 못 미치는 것 같다. 아무리 양복이 훌륭하더라
도 발밑을 보는 순간 지저분한 신발을 신고 있거나,
번쩍이는 장식이 달린 신발을 신고 있는 것을 보면
매우 경박하게 느껴진다. 그 사람의 인품을 판단할
때 커다란 포인트가 된다고 할 수 있다.

구두는 비즈니스맨에게 어울리는 안정감 있는 것을
선택하는 것이 좋다. 이상한 장식이 달린 것이나, 지
나치게 앞이 뾰족한 것, 또는 화려한 느낌이 나는 것
은 좋지 않다.

또한 아침에 집을 나서기 전에 반드시 솔질 하는 것을 잊지 말자. 옷은 말끔하게 차려입고 지저분한 구두를 신고 있다면 얼마나 우스꽝스럽게 보이겠는가.

그리고 냄새나는 양말은 말할 것도 없거니와 지나치게 화려한 무늬도 좋지 않다. 옷 색깔에 맞춰 신는 센스를 발휘할 때 더욱 세련되게 보이는 것이다.

또한 의복에 대한 관심 못지않게 액세서리 등 멋에 대해서도 소홀함이 없도록 해야 한다.

글은 곧 그 사람의 인격이다

정직을 잃은 자는 더 이상 잃을 것이 없다.

회사에서 글을 써야 할 기회가 많다. 그래서 글쓰기의 기본을 잘 알아두어야 한다. 그렇지 않으면 업무를 원활하게 진행해 나가는 데 지장이 생기는 경우가 있다.

'글은 곧 그 사람'이라는 말이 있듯이, 글은 그것을 쓴 사람의 인격을 나타낸다. 문장이 좋지 않으면 상대는 바로 그 사람의 교양 정도를 알아차리게 된다.

업무에 관한 보고서, 이메일, 공문 등을 쓸 때 상용통신문의 기본을 몰라서 친구에게 보낼 때와 같이 썼다가는 "이 사람은 비즈니스의 기본을 모르는 사람이군. 안심하고 거래할 수 없겠어" 하는 생각을 갖게 된다. 즉 한 통의 공문으로 비즈니스가 원만하게 이루어질 수 없게 되는 것이다.

글씨를 난잡하게 쓰면 "이 사람은 매사에 성의가 없다"고 생각하기 쉽고, 어린이같이 쓰면 "이 사람은 아직 사회인으로서 제구실을 못하는 사람"이라고 평가받기 쉽다.

기본이 되어 있지 않은 문장, 지저분한 글씨, 이 두 가지는 비즈니스인으로서는 실격이다. 문장이나 글씨의 연마는 자신의 인격을 닦는 것이라 생각하고 매일 조금씩이라도 연습하여, 상대에게 호감을 주는 글을 쓰면 모든 일이 원만하게 이루어질 것이다.

문서는 첫 문장에 의해 모든 것이 결정된다

입이 하나, 귀가 둘이 있는 이유는 말하기보다 듣기를
두 배 더 하라는 뜻이다.

글을 잘 쓰는 사람은 알고 있겠지만, 모든 문장은 첫머
리에서 결정된다. 글을 쓸 때는 누구나 구상을 하게 된
다. 구상이 끝나면 첫 머리글을 어떻게 써야 할지 생각
한다. 잘 써지지 않으면 뒤가 이어지지 않으므로 몇 번
이나 고쳐 쓰게 된다.

한 저명한 작가는 "글은 첫 문장에 달려 있다. 첫 문
장이 정해지면 뒤는 어떻게든 써지게 마련이다. 만일
첫 문장이 떠오르지 않는다면 2년이고 3년이고 덮어
두어야 한다"고 말했다.

글을 읽는 사람도 마찬가지다. 이 글을 읽을 것인가,
아니면 읽고 싶지 않다는 것은 오직 첫 문장에 의해
결정된다. 매력 없는 첫 문장은 그 뒤를 읽고자 하는
의욕을 불러일으키지 못한다.

비즈니스 문서를 한번 생각해 보자. 대체로 비즈니스는 결론이 무엇보다 중요하다. 상용 통신문이든, 사내 보고서든 읽는 사람은 먼저 결론에 주목한다. 결론이 어디에 쓰여 있는지 알 수 없는 장황한 문장이면 처음부터 읽을 마음이 없어진다. 비즈니스 문서에서는 모두 결론부터 쓰는 것이 원칙이다. 이유나 경과는 그 뒤에 써야 한다.

일이 몹시 바쁜 사람은 결론만 읽고 끝내 버리는 수도 있다. 결론은 알기 쉽고 간결하게 정리하고 될 수 있는 대로 글자수를 적게 쓰는 것이 좋겠다. 그것이 올바른 매너다.

계획 없는 목표는 한낮 꿈에 불과하다.

무슨 일이 있어도 책임은 모두 자신에게 있다는 것을 명심하라.

실행(행동)하면서 꿈을 실현하라.

고통 뒤의 즐거움은 달콤하다.

기회는 준비된 생각에 호의를 베푼다.

중심을 찌르지 못하는 말은 차라리 입 밖에 내지 않는 것만 못하다.

2부

나를 변화시키는
비즈니스 매너

미리 계획을 세우는 습관이 중요하다

계획 없는 목표는 한낱 꿈에 불과하다.

무슨 일이든 목적과 수단이 있다. A와 B, 두 직원에게 각각 밥 한 공기씩을 주고 으깨어 풀을 만들도록 했다. 두 사람의 두뇌를 시험해 보기 위해 경쟁을 붙인 것이다. B에 비해 A는 체구도 크고 힘도 셌다.

말이 끝나기가 무섭게 A는 밥공기를 움켜잡고 있는 힘을 다해 밥알을 휘저었다. B는 밥공기를 앞에 놓고 한동안 생각하더니 한 알 한 알씩 으깨기 시작했다. 얼마후 B는 깨끗이 풀을 다 만들었고, A는 땀을 뻘뻘 흘리면서 계속 밥공기와 씨름을 하고 있었다. 경쟁은 B의 승리로 끝났다.

이 이야기는 우리에게 중요한 것을 시사해 주고 있다. 말하자면 일은 수단의 선택 방법에 따라서 진행 속도나 결과가 완전히 달라진다는 뜻이다. A는 수단을 잘못 선택했다기보다 처음부터 수단 같은 건 생각조차 하지 않았다. 그가 취한 방법에는 계획이 전혀 없었다. 이와 반대로 B는 일을 착수하기 전에 밥알의 성질 등을 생각해 보고 얼핏 보아 한가로울 정도로 한 알 한 알씩 으깨는 방법이 가장 좋은 방법이라는 것을 알았다. 이것이 말하자면 계획이라는 것이다.

일은 앞뒤 생각 없이 덮어놓고 해서는 안 된다. 그 일의 성질에 합당한 가장 능률적인 수단을 생각해 내야 한다. 그것을 발견하는 것이 중요하다. 실제 행동으로 옮기는 것은 그 다음에 해도 늦지 않다. 미리 계획을 세우는 습관을 가져야 한다.

계획을 세워놓고 일을 하면 순조롭게 잘 진행된다. 강폭 가득히 물을 채워 바다로 흘러보내는 강일수록 흐름은 깊고 조용하다.

아침밥은 꼭 챙겨 먹어라

알맹이가 없는 사람은 아무리 겉을 꾸며도 언젠가 그 속이 드러난다.

매일 아침 식사를 하고 나오는가?

아무래도 오전 중에는 시동이 잘 걸리지 않는다고 말하는 사람이 있는데, 그것은 매일 아침 규칙적인 식사를 하지 않는 데 원인이 있다.

어느 조사 결과를 보니 아침을 거르는 사람은 20대가 가장 많고, 남자가 여자보다 더 많았다. 즉 아침식사를 하지 않는 사람은 독신 남성이 많다는 것을 알 수 있다.

아침식사를 거른다는 것은 아침부터 에너지 없이 일을 시작하는 것과 같다. 다시 말하면 일에 대한 마음의 준비가 되어 있지 않다는 것이다. 의학적으로 봐도 위 속이 텅 빈 상태로 일하면 위에 주는 영향도 좋지 않을 뿐 아니라, 신체의 각 가능을 무리하게 활동시키기 때문에 일의 능률도 올릴 수 없다. 즉 몸이 일을 방해하는 것이다.

아침식사는 하루 활동을 시작하는 데 필요한 힘의 원천이다. 단백질과 비타민을 섭취할 수 있는 질 좋은 식사를 해야 한다. 즉 신선한 야채, 과일, 생식, 선식, 토스트와 우유 또는 밥 한 그릇에 된장국 같은 메뉴가 좋다.

혼자 생활하는 사람도 이 정도의 식사는 해야 한다. 자기자신은 먹지 않아도 된다고 생각하더라도 신체가 게으름을 피우게 되니까 결과적으로 남에게 폐를 끼치게 되는 것이다.

여유 있는 출근, 기분 좋은 하루를 보장한다

기회가 왔을 때 잡을 준비가 되어 있는 것, 그것이 바로 성공의
비결이다.

아침에 지하철역 계단을 헐레벌떡 뛰어가 전동차를
타는 사람, 개찰구를 나오기가 무섭게 회사까지 정신
없이 달려가는 사람, 이는 흔히 볼 수 있는 샐러리맨
의 모습이다. 이들은 대부분 급하게 집을 나온 사람
이다.

내가 회사에 다닐 때도 그랬다. 아침에 1분이라도 더
누워 있고 싶어서 게으름을 피우곤 했다. 잠자리에
서 일어나 현관문을 나서기까지 걸리는 시간은 불과
15분. 그러니까 얼마나 서두르는지 짐작할 수 있을
것이다.

그런데 어느 날 일찍 일어나 출근 시간 30분 전에
회사에 나갔더니 상사는 벌써 출근해 있었고, "아니,
어떻게 된 거야. 오늘은 해가 서쪽에서 뜨겠네' 하는

것이었다. 그 상사와 이야기를 나누기도 하고 책상
정리도 하면서 30분을 보냈는데, 그날은 종일 이상하
리만큼 업무가 잘 되는 것 같은 느낌이 들었다. 그날
부터 나는 빨리 출근하기로 마음먹었다.

한번 아침에 일찍 일어나서 출근해 보라. 여유 있는
출근 시간이 그날 하루 여유 있고 좋은 일을 만들어
낼 수 있다는 것을 알게 될 것이다. 급하게 출근하는
사람을 보면 일에도 실수가 많은 것 같다.

아침에 일찍 일어나는 습관은 그만큼 건강에도 좋다.
회사에 나가기 전부터 준비하는 자세와 좋은 일을 하
려고 하는 마음의 자세를 가져보라. 여유 있는 출근
이 실패 없는 하루 일과를 보장하며 상사에게도 인정
을 받게 될 것이다.

예정표를 만들고 그에 따라 행동하라

자기 책임을 방기하려 하지 않으면
타인에게 전가시키려 하지도 않는다.

오늘 하루 무엇을 했는지, 이번 주에 무엇을 했는지
문득 돌아보게 되면 의외로 그리 대단한 일을 하지
못했구나 하는 생각이 들 때가 있지 않는가.

그것은 그날 혹은 한 주일을 그저 막연하게 보내고
말았다는 증거다. 스케줄을 정해 놓고 그에 따라서
진행했다면 오늘 무슨 일을 했나 하는 생각은 안 해
도 될 것이다.

스케줄은 연간, 월간, 주간 그리고 그날 그날의 스케
줄이 있다. 연간 스케줄은 장기적인 관점에서 일을
바르게 수정하거나 자기 분발을 위한 플랜을 만드는
데 매우 중요하다. 1년간의 목표를 세움과 동시에 일
의 흐름을 기한이나 회사와 잘 맞춰서 짜야 한다.

월간 스케줄은 가장 활용도가 높은 예정표다. 비즈니스는 대부분 월간 사이클을 기준으로 되어 있다. 매상 목표와 같은 자신의 월간 목표를 세워서 그것을 달성하기 위해서는 어떤 행동을 취해야 할지 구체적으로 계획을 세운다. 그리고 며칠까지 무엇을 해야 하나, 언제 누구와 만나는가 등 매일매일의 예정을 미리 계획해 놓는다.

여기서 주의해야 할 점은 전체적으로 보아 유연하고 여유 있는 스케줄을 만들어야 한다는 것이다. 처음부터 실천성이 없는 것들을 넘치도록 나열만 하는 스케줄은 소용이 없다. 그리고 반드시 그날 아침에 한 번 더 계획표를 확인해야 한다.

일은 PDS 원칙에 의해 실행하라

무슨 일이 있어도 책임은 모두 자신에게 있다는 것을 명심하라.

일은 PDS 원칙에 의해 실행해야 한다. PDS는 plan, do, see의 머릿글자를 딴 것으로 계획하고 실행하고 그리고 검토 또는 점검한다는 뜻이다.

말하자면 일을 하는 방법은 계획, 실행, 검토의 3단계를 되풀이하는 것이다. 그저 실행만을 되풀이한다고 해서 절대로 되는 것이 아니다. 실행 앞뒤에는 반드시 계획과 검토가 필요하다.

일이 맡겨지면 우선 그 일의 목적을 충분히 파악하고 목적을 달성하기 위한 가장 좋은 방법은 무엇인가를 생각한다. 그런 다음 효율적인 순서를 정하고 스케줄을 짠다. 만일 복수의 일인 경우에는 우선순위를 정해야 한다.

또 혼자서는 기한 내에 마칠 수 없다고 판단될 때에
는 상사와 의논해서 지원을 요청해야 한다. 이러한
일들이 플랜에 해당하는 것이다.

플랜, 즉 계획을 세우고 난 다음에는 곧바로 실행해
야 한다. 그리고 실행하면서도 최초에 세웠던 계획이
올바른지, 실행이 계획대로 잘 되고 있는지 체크한
다. 이것이 see, 즉 검토다.

이것은 일이 모두 끝난 시점에도 해당한다. 다시 말
해서 계획대로 일이 잘 끝났는지, 그리고 당초 목적
을 달성시켰는지에 대한 검토다. 이 검토를 마치고
나서야 비로소 한 가지 일을 종료했다고 할 수 있다.

일에 흥미를 가지면 즐거움이 배가된다

자신이 좋아하는 일을 할 것, 독립성, 근면함, 그리고 배우는 자세가
성공의 지름길이다.

당신은 매일 어떤 기분으로 일하는가. 만일 "월급을
받기 위해 어쩔 수 없이 하고 있다"고 생각한다면 결
코 행복한 사람이라고 말할 수 없다.

어쨌든 매일 절반의 시간은 회사에 있게 된다. 그 시
간에 아무런 즐거움을 찾아내지 못한다면 참으로 불
행한 일이다.

미국의 저널리스트이며 인생지도자인 카네기는 "사
물에 대한 견해를 바르게 가지면 인생의 즐거움은 배
가된다. 일에 흥미를 가지면 인생의 즐거움은 배가된
다. 일이 재미있으면 자연 모든 번뇌를 잊게 되고, 언
젠가는 승진이나 승급 기회도 찾아오게 될 것이다.
적어도 피로는 최소한도로 줄일 수 있으며, 보다 여
가를 즐겁게 지낼 수 있다"고 했다.

일의 경험이 풍부하면 누구나 느낄 수 있는 것이라고 생각한다. 실제로 어떤 일이라도 생각하기에 따라서 즐겁게 할 수 있다. 경리 일이 단지 숫자를 검산하고 기장하는 것뿐만 아니라 숫자를 통해 회사 현황을 체크하면서 일을 해 나가면 자연히 그 일의 중요성을 느끼게 되고 보람과 즐거움을 갖게 될 것이다.

아무 생각 없이 그저 맡겨진 일이니까 한다는 생각으로 한다면 흥미가 없다. 스스로 일의 흥미를 끄집어내는 것, 이것이 바로 일에 대한 자세다. 그러므로 일에 대한 기쁨을 찾아내도록 노력하며 즐겁게 일하자.

어떤 일이든 거기에 맞는 방법을 찾아서 실행하라

실행(행동)하면서 꿈을 실현하라.

회사 일은 얼핏 보면 많은 선배들이 쌓아올린 룰에 따라 진행되고 있는 것처럼 보인다. 그래서 신입사원 중에는 그저 선배들로부터 배운 방법대로 충실하게 일하면 된다고 생각하는 사람이 있다.

선배의 가르침을 잘 듣는 것도 중요하지만, 한 가지 씩 일을 해 나가는 것은 다른 사람이 아닌 바로 자신 이라는 것을 잊어서는 안 된다. 어떤 일이든 거기에 맞는 방법을 발견하여 실행하는 것은 선배들이 아니 라 자기자신이다. 만일 그렇지 못하면 보람을 느끼기 어려울 것이다.

스스로 일을 훌륭하게 처리할 수 있는 방법을 발견했 을 때의 기쁨이란 이루 말할 수 없으며, 그만큼 일에 대한 흥미를 가지고 빠른 속도로 처리할 수 있다. 아무리 해도 일이 잘 진척되지 않을 때는 처음으로 돌아가서 좋은 방법을 찾아야 한다.

그 후 일이 원활하게 진행되었을 때 "아! 일이 이렇게 즐거운 것이로구나" 하는 기쁨을 맛볼 수 있다. 그때의 기분은 일시에 세상이 밝아진 것과 같다.

아무 생각 없이 막연하게 일을 할 것이 아니라 어떤 방법으로 하는 것이 가장 좋을까 하고 생각하는 습관을 갖자. 노력에 따라서는 얼마든지 좋은 방법을 찾아낼 수 있을 것이다. 그러한 자세가 바로 일을 즐겁게 하게 되는 비결이다.

이마의 땀으로 빵을 얻지 않으면 안 된다

고통 뒤의 즐거움은 달콤하다.

아슬아슬하게 출근 시간에 맞춰 온 사람은 지각을 한 것은 아니지만 하루 일과를 시작하는 마음가짐으로 본다면 역시 부족함이 있다.

그리고 출근 시간에 겨우겨우 맞춰 오는 사람은 틀림없이 늦잠을 즐기는 사람일 확률이 높다. 일어나자마자 10분 이내에 황급히 뛰쳐나오는 것은 바로 일에 대한 자세와 이어진다는 것을 명심하기 바란다.

미국의 유명한 과학자 벤자민 프랭클린은 이런 명언을 남겼다. "늦잠꾸러기는 하루 종일 뛰어다녀도 저녁에 또 일에 쫓기고 만다. 나태한 자의 발걸음은 아주 느리기 때문이다. 일에 쫓길 것이 아니라 이쪽에서 일을 쫓아가도록 해야 한다."

이 말은 아침에 늦잠 자는 버릇을 가진 사람은 언제나 일에 쫓기게 된다는 것이다. 또한 그날 일의 자세는 아침에 일어날 때 결정된다는 말과도 같다. 아침에 마음의 여유를 갖고 출근하는 사람은 역시 미리 계획을 세워 일을 여유 있게 소화해 내고 있다.

몇 시에 일어나든, 어떻게 출근을 하든 그저 지각만 하지 않으면 된다는 생각을 갖고 있는 사람은 절대로 성공한 비즈니스맨이라고 할 수 없다. 그리고 시간이 흐를수록 뒤처지고 말 것이다.

아침에 일어날 때부터 그날의 일에 대해 마음의 준비를 해야 한다. 여유 있는 마음자세는 일에 있어서 매우 중요한 요소다.

업무보고 때 장황하게 늘어놓지 마라

긍정적인 사고를 가지면 하늘이 무너져도 솟아날 구멍이
있고, 결과적으로 무엇이든 이룰 수 있다.

업무보고는 어떤 경우라도 간단명료해야 한다. 그리
고 항상 요령 있게 해야 한다. 장황하게 늘어놓으면
듣는 사람으로 하여금 짜증나게 만든다.

그렇다면 요령 있는 보고란 어떤 것일까?

요령이란 말은 '사물의 요긴하고 으뜸되는 점, 또는
그 줄거리' 라는 뜻이다. 그리고 요령이란 말의 어원
을 생각해 보면 인체에서 상반신과 하반신을 잇는 가
장 중요한 허리부분을 가리킨다. 이처럼 요령이란 글
자와 그 말은 아주 중요한 뜻을 가지고 있다.

업무보고를 할 때는 가장 중요한 허리 부분에다 손발을 붙이는, 말하자면 보충 설명 형식으로 보고해야 한다. 그렇지 않고 손이나 발부분의 보고를 미리하고 가장 핵심이 되는 허리부분을 뒤로 미루거나 빠뜨리면 보고 내용을 파악할 수가 없다. 이런 것을 두고 바로 요령 없는 보고라고 하는 것이다.

앞으로 일의 결과를 보고할 때에는 사전에 보고 내용을 잘 분류하고 정리하여 요령 있게 해야 한다.

언제 어디서나 메모하는 습관을 가져라

기회는 준비된 생각에 호의를 베푼다.

상사의 지시를 받을 때 메모를 하고 있는가? 가끔 지시한 내용을 다시 물어보는 사람이 있다. 같은 내용을 상대에게 거듭 말하게 하는 것은, 비단 일의 지시에 한정되지 않고 비즈니스에서는 피해야 할 일이다.

인간의 기억은 그다지 믿을 수 없는 것이어서 방금 들은 것도 5분 후에는 잊어버리는 경우가 있으며, 비록 잊지는 않았어도 시간이 지남에 따라 점점 희미해진다. 그럼에도 그것을 자기 기억에만 의존한다는 것은 지시받은 일을 수행할 수 없음을 표명하고 있는 것이다. 천재가 아닌 이상 한 번 들은 말을 항상 기억하고 있다는 것은 있을 수 없다.

기억력에 자신이 있는 사람도 일에 대한 지시를 받을 때는 메모하는 것이 원칙이다. 상사로부터 이름을 불리게 되면 "네" 하고 대답하는 것과 동시에 왼손에는 메모지를, 오른손에는 펜을 드는 습관을 붙이는 것이 좋다. 평소에 메모를 잘 하지 않는 사람이라면 책상 위에 메모장을 준비해 두는 것이 좋다.

나중에 지시받은 내용을 다시 물어보러 가는 것은 비즈니스맨으로서 아주 미숙한 행동이다. 언제 어디서나 메모하는 습관을 가져라.

이야기를 잘 듣는 사람은 실수하지 않는다

우리는 하루에 5만 번이나 되는 결정적인 순간을 경험하고 있다.

일에 대한 지시를 정확하게 알아듣는 것은 쉬운 것 같으면서도 무척 어렵다. 사람들은 대개 하나를 듣고서 열을 알고자 하는 버릇이 있다. 말하자면 지레짐작이나 경솔하게 속단하는 사람이 많다. 또한 모르는 것이 있어도 질문하는 것이 부끄러워서 그런지 애매한 채 그냥 넘어가 버린다. 하지만 이런 것들은 모두 일의 실패를 초래하는 원인이 된다.

지시 내용을 정확하게 듣지 않는 사람은 실수가 많고, 반대로 남의 이야기를 잘 듣는 사람은 큰 실수를 하지 않는다. 그럼 이야기를 잘 듣는다는 것은 어떻게 듣는 방법을 말하는 것일까.

우선 일의 지시를 받을 때는 반드시 메모를 하면서 상사의 말을 끝까지 경청하고 난 다음 질문이 있으면 묻는 것이 중요하다. 설명하는 동안에는 오직 그 말에 주의를 집중해야 한다.

또한 주위의 움직임이나 상황에 정신을 빼앗기지 않도록 하는 것도 중요하다. 이와 같이 주위를 기울여서 말을 끝까지 잘 듣는 것이 바로 내용을 100% 이해하는 요령이다.

그리고 질문해야 할 사항도 거기에 따라 명확해진다. 다만 자기가 조사해도 될 간단한 것까지 묻는 것은 바람직하지 않으며, 내용에 관한 질문만 한다. 그리고 충분히 이해가 되었는지 그 자리에서 확인해야 한다.

실패에 대한 변명은
실패를 더욱 드러나게 한다

하나의 거짓을 관철하기 위해서 우리는 또 다른 거짓말을 해야 한다.

아직 일에 익숙하지 않은 신입사원이나 능숙한 경력 사원이나 일의 실패란 누구에게나 있는 법이다.

맡은 일이 뜻대로 잘 진행되지 않아 실패를 하고 말았을 경우에는 그것을 발견한 시점에서 빨리 보고해야 한다. 혼자 끙끙거리다가 보고를 늦추는 것은 아주 좋지 않은 방법이다. 거기에 대한 대책이 지연되어 실패가 확대될 수도 있다.

그렇다면 이와 같은 경우 어떤 점에 주의해야 할 것인가. 가장 중요한 것은 우선 실패 사실을 정확하게 보고하는 일이다. 그런 다음 실패에 이르기까지의 경과와 거기에 대한 대책을 진술해야 한다.

이때 절대로 피해야 할 것은 자기변명이나 책임전가다. 변명이나 책임전가의 말을 듣는 쪽은 아주 불쾌할 것이고, 대책을 강구하는 데도 도움이 안 된다.

셰익스피어의 말에 "실패에 대한 변명은 그 실패를 더욱 드러나게 한다"는 명언이 있는데, 변명을 하면 할수록 인상은 점점 나빠지게 되는 것이다.

자기를 변호한다는 것이 결과적으로 자기자신을 격하시키는 꼴이 되어 버리고 만다. 특히 비즈니스인으로서 변명이나 책임전가는 절대 금물이다. 또한 발뺌을 하는 자세는 자신의 성장 발전을 저해하는 요인이 되기도 하는 것이다.

출석만 하면 된다고 생각하는 사람은
회의에 나올 자격이 없다

중심을 찌르지 못하는 말은 차라리 입 밖에 내지 않는 것만 못하다.

회사에서 회의나 회합의 기회가 아주 많다. 그런데 이것도 습관이 되면 기본 마음가짐을 잊어버리고 그저 출석만 하면 되는 것으로 여기는 사람이 있다.

회합이나 회의는 귀중한 업무시간을 할애하고 각자 담당하고 있는 일까지 중단하면서 시행하는 것이므로 그만큼 값진 시간이 되어야 한다. 그러려면 언제나 출석자로서의 마음가짐을 잊어서는 안 된다.

첫째, 출석자는 시작 시간을 철저히 지켜야 한다. 지각을 하면 다른 사람에게 폐를 끼치게 되고, 다른 사람들의 귀중한 시간을 낭비하는 결과를 가져오게 된다. 그러므로 시간 엄수는 회의 출석자가 지켜야 할 철칙이다.

둘째, 회의 목적을 충분히 이해하고 사전에 주제에 대한 연구를 충분히 해야 한다. 그리고 최소한 한 가지 정도 발표할 의견을 간추려서 준비해 놓는다. 아무 준비도 없이 출석하여 의견을 발표하지 않는다면 참석하는 의미가 없다. 만일 회의자료가 있다면 미리 충분히 살펴보도록 하자.

셋째, 발표에 필요한 자료는 철저히 준비하여 애매한 기억이나 추측만으로 발표하는 열이 없도록 한다.

넷째, 아주 기본적인 것이지만 수첩이나 메모지를 꼭 준비하여 요점을 기록해야 한다. 막연하게 남의 의견만 듣는다는 것은 회의 출석자로서도 비즈니스맨으로서도 실격이다.

침묵은 금, 하지만 회의 때의 침묵은 죄악이다

시의적절한 침묵은 지혜이며 어떤 연설보다 낫다.

"웅변은 은, 침묵은 금"이라는 속담이 있다. 웅변보다는 침묵이 일을 유리하게 전개시킬 수도 있고 또 상대에게 영향을 줄 수도 있다는 말인데, 사실 비즈니스에서도 때로는 침묵이 금이 되는 경우가 있다.

하지만 회의나 회합에서의 침묵은 결코 금이 될 수 없다. 프랑스의 도덕가인 라시푸코는 "침묵은 자신 없는 인간들이 생각하고 취하는 가장 안전한 방책"이라고 했다.

기탄없이 의견을 교환하는 장소에서 끝내 말 한 마디 없이 자리만 차지하고 있는 사람이 있다. 잘못 보면 다른 사람들로부터 따돌림을 당하는 것 같다. 물론 발언을 하도록 기회를 주지 못한 진행자에게도 책임은 있지만, 자진해서 발언하지 않는 것은 너무나 소극적인 태도다.

이와 같은 소극적인 태도는 회의 참석자에게는 가장
좋지 않은 자세다. 어떤 부서의 대표로 참석했다고 하
면 그 부서 전체가 회의에 소극적이란 인상을 주게 되
고, 또 어떤 일을 조정하기 위한 회의라면 그 부서는
자꾸 불리한 쪽으로 기울게 될 것이다. 바로 이런 때
의 침묵은 최악이다.

대개 회의 장소에서 침묵하는 사람은 토의 주제에 관
심이 없다, 선배나 상사에 대해 지나치게 겸손하다, 다
른 걱정거리가 있어서 집중이 되지 않는다, 말재주가
없어서 발언에 자신이 없다는 등의 이유가 있다. 라시
푸코가 말한 것처럼 자신 없는 사람이 자기 안전책을
취하고 있는 것인가. 회의 때의 침묵은 곧 죄악이다.

시간 약속이 있는 경우에는
확실한 교통수단을 이용하라

예절바르고 친절한 사람은 누구에게도 적이 되지 않는다.

외근 때 택시를 이용하는 사람이 많다. 택시 이용을 특별히 금하고 있는 것은 아니므로 필요할 때는 이용해도 상관없다.

"급하거든 돌아가라"는 속담이 있다. 강 건너 목적지를 가는 데 두 가지 길이 있다. 즉 물길을 따라 배로 가는 길과 차를 타고 다리 위를 달리는 길이다. 거리로 보아서는 배로 가는 편이 육로를 이용하는 것보다 훨씬 가깝기는 하지만, 이 길은 종종 사고로 차단되는 경우가 있다. 급할 때는 조금 돌더라도 육로를 택하는 편이 안전하고 확실하다는 뜻이다.

배보다는 자동차가 편리하다. 전철을 이용해도 되지만 거리로 친다면 택시로 가는 편이 훨씬 가까운 곳도 많다. 도시의 도로 사정은 늘 변수가 있으므로 작은 사고라도 나면 금세 꽉 막혀 버린다. 이런 경우 급하거든 돌아가라고 한 속담이 생각날 것이다.

그렇다면 택시보다 지하철같이 궤도 위를 달리는 교통을 이용하는 편이 가정 안전하고 확실하다. 대개의 경우 택시보다 훨씬 빨리 목적지에 도착할 수 있고 교통비도 절약되니 일석이조라고 할 수 있다. 특히 시간 약속이 있는 경우에는 확실한 교통수단을 이용해야 한다. '그만 차가 막혀서…' 이같은 변명은 구차할 뿐 통용되지 않는다.

외출할 때는 행방을 분명히 밝혀야 한다

큰일이든 작은일이든 시종일관 충실하라.

A가 외출하고 없는 사이에 고객 B로부터 급한 연락이 왔다. 전화를 받은 C는 A가 아니고서는 대답할 수 없는 일이어서 A로 하여금 직접 전화를 걸도록 하겠다고 상대방에게 전했다. 그런데 A의 행방을 알 수도, 몇 시에 회사에 돌아오는지도 알 수 없었다. C는 몇 군데 전화를 걸어 보았으나 허탕치고 말았다. 그러는 중에 다시 상대방의 전화가 걸려왔고, 결국 그 내용에 대해서 구체적인 대답을 할 수 없었다.

이와 같은 예는 흔히 있는 일이다. 외출 시에는 반드시 행방과 귀사 시간을 명기하도록 되어 있지만, 어쩐지 이행이 잘 안 되거나 분명하지 않을 때가 많다. 앞의 예와 같이 급히 연락할 일이 있을 경우 상대는 물론 회사에 남아 있는 사람들도 아주 곤란을 겪게 되는 것이다.

또한 C는 그 일로 자기 일을 30분 이상 중단해야 했고, A와 연락이 되지 않음으로써 뜻하지 않게 커다란 손실을 입게 되는 경우도 있다. 그러므로 외출할 때는 반드시 행방을 명기하고 동시에 옆자리 동료에게 구두로라도 전해 놓는 것이 좋다.

잠깐 자리를 비울 때도 마찬가지다. 직장에 들어선 이후에는 언제라도 자기 거처를 알 수 있도록 행방을 명확히 해 두는 것이 비즈니스맨의 매너다. 만일 그것을 소홀히 하면 다른 동료에게 큰 폐를 끼치게 된다는 것을 명심하기 바란다. 직장은 연계 체계가 확립되어야 한다.

예정 밖의 행동은 회사에 커다란 폐가 된다

남에게 친절함으로써 그 사람에게 준 유쾌함은
곧 자신에게 돌아온다.

퇴근 전에 팀원들이 간단한 모임을 가질 계획이었는
데 A가 외출한 채 예정시간까지 돌아오지 않았다.
5시가 지나서 A로부터 너무 늦어서 그냥 퇴근하겠다
는 연락이 왔다.

할 수 없이 그날 계획했던 모임은 무산되었다. 이와
같은 예정 밖의 행동, 즉 저녁 때 바로 퇴근한다든가
또는 아침에 회사에 들르지 않고 거래처로 바로 간다
든가 하는 등의 갑작스런 연락은 인정받을 수 없다.
이런 일은 직장의 규칙에 어긋난다.

직장에서는 전날 저녁 때처럼 급히 협의해야 할 일이
발생하는 경우도 있다. 처음부터 저녁 때 회사에 돌
아올 수 없어 바로 퇴근하는 것으로 예정되어 있었다
면 회사에서도 미리 스케줄을 짜기 때문에 별 지장이
없으나, A의 경우처럼 예정 밖의 행동을 하면 그날

저녁 때의 계획은 완전히 빗나가 버리고 만다. 다시 말해서 한 사람의 행동이 팀 전체에 폐를 끼치는 결과를 초래하는 것이다.

사전 계획 없이 아침에 곧장 거래처로 직행하는 것도 바람직하지 않다. 가끔 이런 행동을 하는 사람이 있는데, 별안간 직행해야 할 일이 생긴다는 것은 상식적으로도 있을 수 없는 일이다. 거래처로 직행해야 하는 경우나 바로 귀가해야 하는 경우는 반드시 사전에 미리 알 수 있다.

시간적으로 회사에 돌아올 수 없는 경우라도 일단 회사에 돌아갈 예정이지만 경우에 따라서는 바로 퇴근하게 될지도 모르겠다는 내용을 사전에 알려 놓아야 한다. 모든 일에는 사전 연락이 꼭 필요하다.

자기 의견만 주장해서는 안 된다

연설은 위대하지만 침묵은 더 위대하다.

회의나 미팅은 언제나 적극적인 자세로 참가해야 한다는 것은 앞에서 말하였다. 모처럼 회의에 참가해서 아무 발언도 하지 않는 침묵형은 비즈니스인으로서 실격이다.

침묵형과는 반대로 지나치게 말을 많이 하는 것도 금물이다. 적극적인 자세는 좋으나 다른 사람의 발언 기회까지 빼앗아 가면서 자기 의견만 내세우려 한다면 효과적인 의견 교환이 될 수 없다. 특히 의견 대립이 있을 때는 더욱 주의해야 한다.

영국의 작가 버나드 쇼는 "어떤 일에 대해 그 일이 옳다고 믿게 되면 그 상황에 적합한 여러 가지 의론이 눈에 들게 되어 그것에 반대되는 의론에는 눈을 감아버리게 된다"고 말했는데, 의견이 대립되었을 때 자칫 반대 의견에는 귀를 기울이려 하지 않고 오직 자기 의견을 주장하는 데에만 열중하게 되는 것이다.

또한 영국의 시인 알렉산더 포프는 "완고한 인간이 의견을 고집하는 것이 아니다. 의견이 그를 사로잡고 놓지 않는 것이다. 말하자면 자기 의견을 통과시키려는 생각에 그만 자기자신마저 잃어버리게 되어 결국에는 무엇 때문에 서로 이야기를 주고받아야 하는지조차도 모르게 된다"고 말했다.

직장에서의 회의는 반드시 목적이 있다. 무엇인가를 결정하지 않으면 안 된다. 그 점을 잘 생각해서 적극적이면서도 신중한 발언을 하도록 해야 한다.

출장은 사전 준비를 완벽하게 갖춰야 한다

모든 자연과 생명의 창조적 핵심은 긍정적이고 낙관적이며
소망이 넘치는 것이다.

출장 명령을 받으면 기뻐하며 "예, 다녀오겠습니다"
하고 대답하는 사람이 있다. 회사 대표로서 파견되는
데 대한 긍지 때문에 기뻐하는 것이라면 아주 바람직
한 일이지만, 마치 여행을 가는 기분으로 기뻐한다면
그것은 아주 큰 착각이다.

출장지에서 보낼 즐거움에 대한 생각으로 진짜 해야
할 준비를 소홀히 하는 사람도 있다. 출장에서 성과
를 올리느냐 못 올리느냐 하는 것은 오직 출발 전의
준비에 따라 결정된다.

우선 출장 목적을 명확하게 이해해야 한다. 어떤 일
을 어떻게 해야 할 것인가 하는 생각에 머무르지 않
고, 그 일이 회사에 얼마만큼 중요한 의미를 가지고
있으며 어떤 이익을 가져다 줄 것인가에 대해 깊이
이해하고 있어야 한다.

이렇게 목적을 충분히 이해하고 난 다음에는 사전조
사, 즉 정보수집이다. 일에 관련된 정보를 될 수 있는
대로 많이 수집해서 출장지에서 정보 부족 때문에 어
려움을 겪는 일이 없도록 해야 한다.

출장지에서 대화를 나눌 상대에 대한 정보, 즉 실적
과 그 사람의 성격까지 알아두면 유리하다. 회사에
경험자가 있으면 반드시 조언을 구하도록 한다.

현지 호텔이나 교통기관 등의 정보도 마땅히 필요하
다. 거기에 따라서 사전에 행동 예정표를 작성하고,
같은 장소에 출장갔던 경험자에게 도움을 청해 되도
록이면 상세하게 준비해야 한다.

출장지에서는 바로 자신이 회사 대표다

사교의 명수는 모욕을 유머로, 부정을 긍정으로 바꾼다.

앞으로 출장 갈 기회가 많을 것이다. 출장이라고 하면 무척 기뻐하는 사람도 있는 것 같다. 신입사원 중에는 불안하기도 하지만 여행을 떠나는 듯한 기분을 갖는 사람도 있을 것이다.

하지만 출장은 여행과는 목적이나 입장이 다르다. 출장은 아주 긴장되고 힘든 일이다. 출장 중의 모든 업무는 하나에서 열까지 회사 대표의 입장에서 처리해야 하기 때문이다.

출장이란 것은 그 일에 관한 모든 책임을 출장자가 져야 한다. 출장의 목적을 달성하느냐 못 하느냐는 오직 출장자의 능력에 따라서 결정되는 것이므로 그 책임은 막중하다.

두 사람이 가는 경우도 있지만 혼자 가는 경우가 많기 때문에 출장지에서는 아무도 도와주는 사람이 없다. 이런 점을 생각해 보면 여행 기분 같은 것은 일어날 리 없고 저절로 긴장이 될 것이다. 회사 대표로서 출장을 가는 것이므로 훨씬 더 큰 책임감을 가져야 한다.

다시 말해서 출장지에서는 그저 명령대로만 일하면 된다는 안일한 생각을 버려야 하고, 그 일이 결과적으로 회사의 이익과 어떤 관련이 있는지까지 생각해서 행동해야 한다. 만일 그렇게 하지 못한다면 결코 임무를 훌륭하게 수행할 수 없다.

실수를 솔직하게 인정하라,
자기변명은 창피함을 더하는 것이다

실수하는 것을 부끄러워하라.
그러나 실수를 바로잡는 것은 부끄러워하지 마라.

일을 수행하는 중에 크건 작건 실수를 한 경험이 있을 것이다. 그때 가장 먼저 해야 할 것은 실수한 내용을 솔직하게 보고하는 것이다. 그 실수 내용이란 경과가 아니라 바로 결과라야 한다.

실수를 한 데는 반드시 이유가 있다. 누구나 그 이유부터 설명하려 하는데, 그것은 중요하지 않다. 왜냐하면 결과와 대책이 중요할 뿐더러 이유를 길게 설명하는 중에 대책을 세울 시간이 지연되기 때문이다.

물론 대책을 세울 때 실수하기까지의 경과를 살펴볼 필요는 있다. 그런 경우에는 보고를 받는 쪽에서 질문하게 되는데, 이유를 장황하게 설명하는 것은 좋은 태도가 아니다. 변명이나 자기변호 같은 것은 필요없다.

어쨌든 실수를 솔직하게 인정하는 것이 중요하다. 만일 그 실수로 다른 사람에게 폐를 끼치게 되었다면 먼저 진심으로 사과해야 한다. 어색하게 웃는다든가 화를 낸다든가 하는 태도는 창피함을 더하는 것일 뿐이다.

더구나 거짓말로 그 자리를 모면하려는 것은 옳지 않다. 사실을 사실대로 솔직하게 인정하는 태도야말로 바람직한 행동이라 할 수 있겠다. 이것이 곧 두번 다시 실패를 되풀이하지 않는 철칙이다.

잘못은 누구에게나 있는 것이다. 그 뒤의 조치가 중요하다. 실수는 즉각 보고하고 변명보다는 실수를 경험삼아 더 이상 실수하지 않도록 해야 한다.

회사 용품을 낭비하면
자기 이익도 감소한다

재정적인 사항에서 부정적인 말을 입에 담지 마라.
그때부터 부는 당신에게서 멀어져 간다.

직장에는 비즈니스 활동에 필요한 비품이나 소모품
등이 많이 갖추어져 있다. 일을 하기 위해서 이 같은
용품을 자유로이 쓰는 것은 무방하다. 하지만 자유롭
게 써도 된다는 말은 아무렇게나 마구 써도 된다는
뜻은 아니다.

회사 것이니까 아까울 것이 없다는 듯 함부로 낭비하
는 사람이 있는데, 사소한 일 같지만 회사로 봐서는
엄청난 손실이다. 복사를 예로 들면, 간단하게 메모
해도 될 것을 복사한다든지 몇 번씩 다시 복사하는
사람도 있다.

회사용 복사는 돈을 지불할 필요가 없기 때문에 무료
라는 생각을 갖고 있는 사람이 많다. 이는 잘못된 생각이다. 복사 한 장 할 때마다 비용이 든다. 만일 복사가 잘못되어 찢어 버리면 회사 돈을 휴지통에 버리는 것과 다를 바 없다.

이런 일을 전 직원이 되풀이한다면 어떻게 될까. 하루 한 사람이 한 장씩만 낭비한다고 해도 회사로서는 그만큼의 이익이 감소되는 것이다. 그렇게 되면 직원의 보너스에도 영향을 미치게 된다. 회사 용품을 낭비하면 그만큼 회사 이익이 감소되며 그것은 바로 자기자신의 이익과 관련된다는 것을 알아야 한다.

아무리 작은 낭비라도 직원 전체로 따져보면 엄청나게 큰 손실을 초래하게 된다는 의식을 늘 마음속에 간직해야 한다.

정돈된 작업 환경은 생산성이 배가된다

생각 있는 긍정은 무미건조한 부정보다 낫다.

작업장이 어지러우면 그만큼 능률이 오르지 않는다. 예를 들어 치과에 가 보면 필요한 기구들이 깔끔하게 정리되어 있고 어느 것이나 손 닿는 곳에 놓여 있다.

이발소나 미장원도 그렇다. 모든 것이 동작이나 시간의 낭비가 없도록 작업 환경을 만들어 놓았다. 이것은 동작 하나하나가 직접 매상에 영향을 미치기 때문이다.

직장에서도 마찬가지다. 어떻게 하면 보다 효율적으로 일할 수 있을까 하는 것이 바로 회사 업적에 영향을 미친다. 시간이 절약되는 경우도 있다.

어느 자동차 정비공장에서 차를 작업대에 올려놓고 바퀴를 빼면서 여기에 사용되는 볼트와 너트 같은 부속품을 잘 놓아 두었는데도 제자리에 있지 않고 늘 없어지곤 했다. 일이 바쁘다 보니 그만 발에 걸려 흩어져 버린 것이다.

그것을 찾는 데 소요되는 시간을 계산해 보니 엄청난 낭비가 된다는 것을 깨닫고 작업대에 전용 포켓을 만들어 놓았다. 그 후 전보다 훨씬 능률이 오르게 되었다고 한다.

잘 생각해 보면 간단한 아이디어가 훌륭한 결과를 가져온다. 일에 쫓기다 보면 정리정돈에 대한 간단한 아이디어도 잘 떠오르지 않지만, 깨끗한 작업 환경이 생산성을 배가시키는 것은 틀림없다.

정리정돈의 원칙은
버리고 결정하고 제자리에 놓는 것

다른 사람의 기분을 좋게 하는 것은 자기자신을 활기차게 만드는
최상의 방법이다.

인간은 환경에 따라 기분이 좌우된다. 책상 위나 주
위가 깔끔하게 정돈된 상태와 난잡한 상태, 어느 쪽
이 더 일에 대한 의욕이 생길까. 간혹 난잡한 것이 좋
다는 특이한 성격을 가진 사람도 있기는 하지만, 정
돈된 상태일 때 일의 능률이 오른다.

알고 있으면서도 잘 하지 못하는 것이 정돈이다. 지
금부터 정리정돈의 원칙에 대해 알아보자.

 ＊불필요한 물건은 버릴 것
 ＊물건을 놓을 위치와 놓는 방법을 결정할 것
 ＊결정한 대로 물건을 제자리에 갖다 놓을 것

즉 버린다, 결정한다, 제자리에 놓는다, 이 세 가지 행
동을 반복하는 일이다. 버려야 될 것을 버리지 않으면

책상 위는 금방 불필요한 서류들에 묻히고 만다. 혹시 나중에 쓰일지도 모르니까 하는 생각으로 필요 없는 것을 놓아 두게 된다. 이것이 바로 정리정돈의 큰 적이다.

만일 걱정이 되거든 노트에 필요한 사항만 메모해 두면 그만이다. 버린다는 행위에는 다소 용기가 필요하지만, 쓸데없는 것을 과감히 처리해 버리는 것도 비즈니스의 조건이다.

항상 쓰는 물건은 놓아 둘 장소를 정해 두지 않으면 그것을 찾는 데 시간을 낭비하게 된다. 쓰고 난 다음에는 반드시 본래 장소에 되돌려 놓는 버릇을 붙여야 한다. 공동으로 쓰는 비품이면 더더욱 잘 지켜야 한다. 오늘부터 즉시 정리정돈의 원칙을 실행해 보자.

직장의 안전은 각자의 건강관리에서

자기자신과 자신의 상황을 늘 긍정적으로 생각하라.

직원이 경미한 교통사고를 당했다. 횡단보도를 건너다 오토바이에 부딪쳐 크게 다칠 뻔했다. 그 정도에 그친 것이 다행이지만, 사고는 전적으로 직원의 부주의로 일어난 것이다.

경위를 들어보니 직원은 어제 저녁부터 오늘 새벽까지 술을 마셨다고 한다. 수면 부족으로 머릿속이 흐려 있었던 모양이다. 이런 상태로는 출근해도 업무를 볼 수 없었을 것이다. 정말 위험천만한 일이 아닐 수 없다.

일반적으로 영업부나 사무직원은 공장과는 달라서 안전문제에 별로 관심을 갖지 않는데, 알고 보면 어디서든 위험 요소가 있다. 영업부 직원은 운전을 하는 경우가 많으므로 안전에 신경을 쓰지 않으면 안 된다.

다행히 직원이 차를 몰지 않았기 망정이지 만일 차를 몰았다면 그야말로 돌이킬 수 없는 사고를 냈을 수도 있다.

업무 수행 중에 일어나는 사고는 회사로서도 큰 손해를 입게 된다. 그리고 다른 직원에게 폐를 끼치는 경우가 많다. 이런 점을 명심하여 언제나 안전하게 일할 수 있도록 주의해야 한다. 그렇게 하기 위한 최대 포인트는 무엇보다 건강관리다.

지나친 음주로 인한 수면 부족, 과음으로 인한 숙취 등은 절대로 삼가야 한다. 밤시간을 즐기는 것은 그 사람의 자유지만, 다음날 자신의 건강상태를 고려해야 한다는 것은 비즈니스인의 에티켓이다.

실패를 두려워하지 마라,
오히려 좋은 약이 된다

잘못이나 실패는 우리를 전진시키기 위한 훈련이다.

누구나 할 것 없이 일하는 중에 실수를 하거나 크게 실패한 경험이 있을 것이다. 물론 실패를 하면 낙담하거나 억울한 생각이 든다. 내가 말하고 싶은 것은 실패하고 난 다음의 기분전환이 매우 중요하다는 것이다.

나는 오히려 실패가 본인에게 매우 유익한 경험일 수 있다고 생각한다. 그렇다고 해서 실패를 장려하는 것은 아니지만, 본인으로서는 자기 성장의 기회가 될 수 있기 때문이다.

윌리엄 채닝이라는 미국 목사는 "잘못이나 실패는 우리를 전진시키기 위한 훈련"이라고 했다. 또 웅변가로 널리 알려진 필립스는 "실패는 하나의 교훈이며 호전하는 제일보"라고 했다.

실패에 대한 억울함을 발판으로 삼고 그 교훈을 살리기 위해 새로운 마음으로 도전하면 다음에는 틀림없이 훌륭한 결과를 가져오게 될 것이다.

그러므로 실패는 오히려 좋은 약이 된다. 실패를 하면 누구나 다 억울하게 생각한다. 하지만 억울하게 여기는 것에 그쳐서는 아무 소용이 없다. 또 언제까지나 낙담만 하고 있다 보면 그야말로 실패는 실패로 끝나버리고 만다. 바로 기분전환을 하고 새로운 용기를 가지고 재도전해야 한다.

실패는 전진의 원동력이다.

작은 실수를 했을 때야말로
자기반성을 할 기회다

우리는 성공보다 오히려 실패에서 많은 지혜를 배운다.

중국 속담에 "산에서 넘어지지 아니하고 개밋둑에서 넘어진다"는 말이 있다. 무슨 일이든 큰일은 주위를 기울이기 때문에 실패하는 경우가 별로 없지만, 작은 일은 그다지 신경을 쓰지 않기 때문에 실패하는 경우가 많다는 뜻이다.

이 말을 일에 적용해서 한번 생각해 보라. 큰일은 긴장을 하기 때문에 실패하지 않지만, 작은일은 신경을 쓰지 않기 때문에 실패하는 경우가 있지 않은가.

사실 이제까지 있었던 실패의 경우를 보면 그런 경향이 많았다. 이 정도의 일이라면 설사 실패하더라도 그리 대단하지 않다고 생각하는 것 같다.

만일 그렇다면 크게 반성하기 바란다. 비록 작은일이라도 실패한 데 대한 반성을 게을리 하다 보면 또다시 같은 실패를 되풀이하게 된다. 그런 일로 회사의 신용이 떨어지게 되면 큰일도 맡기지 않을 것이다.

일이란 신용에 의해서만 계약이 이루어진다. 신용에는 금액의 많고 적음은 있을 수 없다. 산에서 넘어지거나 개밋둑에서 넘어지거나 다치기는 매일반이다. 개밋둑에 넘어지거나 회사의 신용을 잃게 되면 결국은 산에서 넘어진 거나 다름없는 결과를 가져온다.

비단 작은일이라 해도 충분히 주의를 기울여야만 한다. 작은일에서 실패했을 때야말로 크게 자기반성을 하는 기회로 삼아야 할 것이다.

남에게 친절해야 하는 것은 자신의 인품을 높이는 것이다.

비판은 절대금물, 칭찬을 많이 해라.

귀를 기울이는 데서 지혜가, 수다를 떠는 데서 후회가 온다.

삶의 기술이란 하나의 공격 목표를 골라 그것에 힘을 집중하는 데 있다.

얘기를 중지하면 손님을 놓친다. 등을 돌려도 손님을 놓친다.

백 권의 책에 쓰인 말보다 한 가지 성실한 마음이 더 크게 사람을 움직인다.

3부

나를 변화시키는
근무 태도

아침의 한 시간은
밤의 두 시간과 맞먹는다

아침잠은 시간의 지출이며, 이렇게 비싼 지출은 없다.

아침 시간이 매우 중요하다는 것을 강조한 속담 중에 "아침의 한 시간은 밤의 두 시간과 맞먹는다"는 것이 있다. 또 "아침 시간은 입에 황금을 무는 것과 같다"는 속담이 있다. 예로부터 동서양을 막론하고 아침의 5분, 10분이 얼마나 중요한지를 가르치는 말이다.

아침의 5분이나 10분은 그날 하루의 출발 시간이다. "시작이 좋으면 끝도 좋다"는 말처럼 오늘 하루 일에 있어서 시작은 그만큼 중요한 것이다.

스타트가 아주 중요하다는 것은 스포츠나 일이나 마찬가지다. 조금이라도 출발이 늦으면 그것을 만회하는 데 무척 힘들다.

신경이 무딘 사람은 못 느낄지 모르겠으나, 보통사람은 단 5분이라도 지각을 하면 어딘지 모르게 꺼림칙한 마음을 갖게 될 것이다. 그러한 기분을 가진 사람과, 여유 있게 출근해서 상쾌한 마음으로 일을 시작하는 사람과 어느 쪽이 그날 하루 일을 충실히 해낼 수 있을까.

스타트가 나빴기 때문에 예정된 일을 소화해 내지 못해 결국 야근을 하지 않으면 안 될 상황에 놓이게 되는 경우도 없지 않을 것이다.

몇 분의 지각이 인생의 지각으로 이어진다

시간을 단축시키는 것은 활동이요, 시간을 견디지 못하게 하는 것은 안일함이다.

출근시간이 다 되어 헐레벌떡 뛰어들어오는 사람이 있는가 하면 2, 3분 지각하는 사람도 여전히 있을 것이다. 2, 3분쯤이야 하고 대수롭지 않게 생각하는 사람도 있겠지만 그 2, 3분이란 짧은 시간이 당신의 인생을 그르치게 하는 결과를 가져올지도 모른다.

영국의 극작가 쿠리는 이런 명언을 남겼다.
"단 5분, 빌어먹을! 나는 일생을 통해 5분간 늦어지고 말았다."

아주 깊은 뜻을 가진 말이다. 단 5분간이라도 늦어진 것은 다시 돌이킬 수 없는 것이다. 그는 인생을 그런 방식으로 살았는데, 마찬가지로 당신에게도 아침의 2, 3분 지각이 곧 인생의 지각을 상징하는 것이라고 할 수 있다.

현실적으로 생각해 봐도 단 2, 3분 지각하는 버릇이 실제로 일생의 지각과 연결되는 수가 있다. 회사는 조직이기 때문에 규율이 지켜지지 않으면, 아무리 능력이 있더라도 결국 조직의 일원으로서의 평가는 떨어지게 마련이다. "일만 잘 하면 된다"는 생각은 자기 멋대로의 사고방식이며, 이런 생각은 조직 속에서 통용되지 않는다.

본인은 지각을 대수롭지 않게 생각할지 몰라도 회사는 매우 중요하게 생각하고 있다. 간단히 말하면 이런 사람은 출세를 하지 못할 타입이며, 인생의 경쟁에서 뒤지고 마는 사람이다. 결국 2, 3분의 지각은 인생의 지각으로 연결되고 마는 것이다.

업무 규정 또는 규칙은
반드시 지켜야 하는 행동 규범이다

훈련 비용은 직원을 훈련시키는 데 실제로 소요되는 비용이 아니다.
그것은 훈련을 시키지 않았을 때 치러야 할 대가다.

그동안의 학교생활과 현재의 직장생활과는 어떤 점
이 다른가. 그 차이점에 대해 생각해 본 적이 있는가.

조직이란 하나의 규율 아래서 각 개인이 개성을 발휘
해 나가는 것이다. 만일 아무런 규율도 없다면 개인
플레이를 하는 자들의 집단이 되고 만다.

직장생활의 제약 조건을 세세하게 규정해 놓은 것이
업무 규정 또는 규칙이다. 업무 규정 또는 규칙은 직
장에서 어떻게 행동해야 되는가 하는 규범을 명문화
한 것이다. 이 업무 규정 또는 규칙을 잘 지켜 나감으
로써 회사는 조직으로서의 활동을 원활하게 해 나갈
수 있다.

업무 규정 또는 규칙은 회사의 헌법이라고도 할 수
있다. 이것은 직원으로서 반드시 지켜야 하는 행동
규범이다. 몇 시에 출근해서 몇 시에 퇴근해야 하는
가, 휴가를 받기 위해서는 어떤 절차가 필요한가 등
마치 손발에 족쇄를 채워 놓은 것과 같은 기분이겠지
만 조직을 효과적으로 운영하기 위해서는 없어서는
안 될 중요한 규칙이다.

아직도 업무 규정 또는 규칙을 잘 모르는 사람이 있
다. 나라의 헌법이 국민의 의무인 것과 마찬가지로
업무 규정 또는 규칙은 직원으로서의 의무다.

규율은 하찮은 것일지라도
반드시 지켜야 한다

종업원을 최우선으로 한다는 것은 관리자들이 직원과 함께 서비스 일선에서 상당한 시간을 함께 보내야 한다는 뜻이다.

새삼스럽게 말할 필요도 없지만 회사에는 업무 규정 또는 규칙에 대표되는 규율이 있다. 회사는 이 규율에 다소 무관심해진 직원들의 태도를 지켜보고 있다.

그렇다고 해서 직원들의 자유분방한 행동을 그대로 묵과하고 있는 것은 결코 아니다. 주의를 주지 않더라도 스스로 잘 지키겠지 하는 신뢰 풍토를 정착시키기 위해 그다지 잔소리를 하지 않는 것이다. 그러한 회사의 신뢰를 배신하는 행동을 해서는 안 된다.

규율이 우리에게 어떤 의미를 갖고 있을까. 규율은 회사라는 조직이 목적을 향해 원활하게 운영되기 위해서 필요한 것이다. 그리고 이것은 조직만을 위하는 것이 아니라 개인에게도 매우 유익한 것이다.

프랑스의 소설가 생텍쥐페리는 "규율은 종교의 양식과 닮은 점이 있다. 얼핏 보기에는 하찮은 것같이 보이더라도 그것이 인간을 만든다"라는 명언을 남겼다.

회사의 규율은 회사를 위해 있는 것이 아니라 바로 나를 위해 있는 것이라고 말하고 싶다. 여러 가지 제약조건 속에서 행동하고 있기 때문에 비로소 자기자신을 갈고 닦아 인간으로서의 성장과 품격을 갖추게 되는 것이다.

규율을 하찮은 것으로 생각하는 사람은 스스로 자기자신의 성장을 거부하는 것과 다름없다.

사고로 늦을 때는 전화 연락을 해야 한다

시간이 모든 것을 말해 준다. 시간은 묻지 않았는데도 말을 해 주는 수다쟁이다.

지하철 사고로 늦었다면 공적인 지각 사유가 되기 때문에 어쩔 수 없는 일이다. 다만 전화로 사유를 알려 준 사람은 직장의 규칙을 바르게 지켰다고 할 수 있다.

"연락을 취하는 것보다 한시라도 빨리 회사로 달려가는 편이 낫겠다"고 생각하여 전화 연락을 취하지 못한 사람도 회사에서 기다리는 사람들을 생각한다면 오히려 시간이 걸리더라도 연락을 하는 편이 좋다.

아무 연락 없이 10분, 15분이 지나도 사람이 나타나지 않으면 "무슨 사고가 난 게 아닐까" 하고 걱정하게 된다. 그동안 거래처로부터 전화라도 걸려오면 상대에게 뭐라고 응대해야 할지 곤란을 겪게 된다. 전체 일의 진행을 방해하게 되는 것이다.

별안간 사고로 지각을 하는 경우에는 먼저 연락을 취할 방법을 찾아야 한다. 근무시간 전에 연락을 취하는 것이 직장의 규칙이다. 회사에 나와서 이유를 말하게 되면 설사 정당한 이유라 하더라도 변명같이 들리게 되어, 듣는 사람의 입장에서는 기분이 좋지 않다.

최근에는 지하철이나 각종 교통사고로 인해 늦어지는 경우가 있다. 엄격히 말한다면 교통기관의 사고로 10분, 20분가량 늦는 것은 지각의 정당한 이유가 될 수 없다. 그래서 평소에 여유 있는 출근 습관을 갖는 것이 좋다.

숙취로 인한 지각은 있을 수 없는 일

시간의 흐름이 빠른지 늦은지 그것을 깨닫지 못하는 시기가
가장 행복하다.

회사에 부하직원의 근무자세를 보기 위해 때때로 짓궂은 방법을 취하는 영업과장이 있었다. 그는 한 달에 한 번 부하직원을 데리고 술을 마시러 간다. 자신도 무척 술을 즐기는 편이어서 일단 술을 마시러 갔다 하면 과음을 한다. 그런데 그는 일부러 다음날 출근해야 하는 평일을 택한다.

보통 자정 가까이 되어서야 술자리가 끝나기 때문에 다음날 아침 출근하는 데 모두 무척 애를 먹는 것은 당연하다. 사실 이 점이 바로 그가 노리는 테스트인 것이다. 이렇게 과음을 시켜 놓고 다음날 아침 부하직원들의 출근 동태를 살펴보자는 속셈이다. 지각하는 사람의 평점은 말할 것도 없이 0이다. 더구나 "죄송합니다. 어제 과음을 해서 그만…"하고 변명이라도 했다가는 훨씬 나쁜 점수를 받게 된다.

"숙취로 지각하는 직원은 비즈니스맨으로서는 0점이다. 그런 안이한 생각을 가지고서는 치열한 기업전쟁에서 이겨 나갈 수 없다"는 것이다. 물론 지각하는 사람에 대해서는 이런 식으로 엄하게 주의를 주기 때문에 과음을 하고서도 지각하는 사람이 없어졌다고 한다.

이 방법이 결코 좋다고는 할 수 없지만 숙취로 인해 지각을 한다는 것은 비즈니스맨으로서는 가장 수치스러운 일이다. 오히려 과음한 다음날의 출근은 평시보다 빠르게 하는 마음가짐이 필요하다. 그리고 되도록 평일에는 과음하지 말아야 한다. 언제나 내일을 생각해서 생활 리듬을 흐트러뜨리지 않도록 해야 한다.

무단결근은 어떤 경우라도 용납되지 않는다

백 권의 책에 쓰인 말보다 한 가지 성실한 마음이
더 크게 사람을 움직인다.

A군이 고열로 출근하지 못하고 집에서 쉬고 있었다.
도저히 일어날 수가 없어서 전화 연락도 하지 못했다
고 한다. 그리고 오늘 조금 열이 떨어져 병원에 간다
고 회사에 연락을 했다.

만일 A군과 같은 경우라면 당신은 어떻게 행동하겠
는가. A군에게 별로 야단을 치지 않았지만 회사에 나
오는 대로 엄하게 주의를 주어야 한다. 왜냐하면 무
단결근은 어떤 이유라도 용납되지 않기 때문이다.

A군은 아직 그 점에 대한 인식이 부족한 것 같다.
아무리 열이 심해도 무슨 수를 써서라도 회사에 연락
을 취하는 것이 직원으로서의 의무다.

자신이 전화를 할 수 없는 형편이라면 다른 사람에게 부탁해야 할 것이고, 또한 그 정도의 중증이라면 즉시 병원에 연락해서 의사의 왕진을 받아야 한다. 그런 경우를 대비해 연락 방법을 미리 준비해 두어야 할 것이다.

만일 자주 아픈 사람이라면 몇 사람에게 비상연락이 되도록 해야 한다. A군은 그런 점에 대한 준비가 허술했다.

무단결근으로 인해 다른 사람에게 얼마나 많은 폐를 끼치게 되는가, 사회인이라면 누구나 이 점을 먼저 생각해야 할 것이다.

작은일을 잘 해내면 큰일은 저절로 처리된다

남에게 친절해야 하는 것은 자신의 인품을 높이는 것이다.

논리와 이론만 따져 고민한다면 아무것도 해결되지 않는다. 살아 있는 정보가 흘러넘치는 현장으로 발을 옮겨 눈으로 직접 보고 손으로 만지며 피부로 느껴야만 답을 얻을 수 있다.

하고 있는 일이 괴롭고 곤혹스럽다면, 언제나 현장으로 돌아가면 된다. '현장'에서 퍼올리는 물은 절대로 마르지 않는다.

자기계발 분야의 최고 전문가인 데일 카네기는 "그리 대단치 않는 일도 과감하게 전력을 경주하라. 일을 하나씩 정복할 때마다 실력이 더해진다. 작은일을 훌륭하게 해내면 큰일은 저절로 처리된다"고 말했다.

바꾸어 말하면 작은일을 훌륭하게 처리하지 못하는 사람은 결코 큰일을 정복할 수 있는 힘이 갖추어지지 않는다는 것이다. 말하자면 작은 일이라 생각하고 건성으로 처리해 버리는 것은 본인의 성장을 저해하는 요인이 되는 것이다.

또한 상사의 입장에서도 작은일을 건성으로 처리하는 사람에게는 절대로 큰일을 맡길 수 없다. 결국 그 사람은 본인이 생각하는 대로 잡일밖에는 하지 못할 것이다. 비록 작은일이라도 전력투구해야 한다.

그날 해야 할 일은 그날 끝내라

오늘의 책임은 회피할 수 있지만 내일의 책임은 회피할 수 없다.

바쁜 날이 계속 이어져 매일매일 해야 하는 일들을 소홀히 하기 쉽다. 내일 해야지 하고 마음먹었다가 막상 다음날이 되면 또 귀찮아져서 결국에는 정리하기 어려울 정도로 많이 쌓여 버리고 만다.

그날 하지 않으면 안 될 일은 연장근무를 하는 한이 있더라도 깨끗이 처리해야 한다. 대개 '내일 하자'는 생각은 게으른 자의 대표적인 말이다.

"내일 아침에 하자는 말을 해서는 안 된다. 아침이 일을 다해 놓고 기다려 주는 것이 아니다."

다음날 아침이 되면 "이것은 어제 일이지" 하고 더욱 마음이 우울해진다. 즉 눈앞에 어제 일이 남아 있는 것을 보면 짜증이 난다. 그날 그날 깨끗이 마치고 나면 일의 성과가 분명해져서 내일 할 일에 대한 반성 자료도 되고, 노력하는 마음의 자극제도 된다.

하루하루 명확한 것이 나날의 성장을 안겨준다. 당신은 젊기 때문에 빨리 일을 마치고 퇴근 후 개인적인 시간을 즐기려는 마음이 강한 것 같다.

그러나 그날 일을 말끔히 끝내고 퇴근 후의 시간을 즐기는 편이 훨씬 더 기분 좋을 것이다.

건성으로 한 일은 반드시 결과로 나타난다

내가 할 수 있는 최선인 것, 내가 아는 최선인 것을 실행하고
언제나 그러한 상태를 지속시켜야 한다.

일관성 있는 고품격의 서비스는 배려하는 마음과 능
력이라는 두 가지 점에 달려 있다.

아는 사람이 신축 아파트에 입주했는데, 아파트가 날
림으로 지어져 여러 가지 흠이 발견되었다고 한다.
환기장치가 잘 되지 않아 화장실에는 곰팡이가 피고,
문은 비뚤어져 잘 닫히지도 않는다며 매우 분개하고
있었다.

겉보기에는 아주 깨끗하게 잘 지은 것 같아 계약을
했는데 실상은 그렇지 않다면서 얼마 있다가 다른 아
파트로 옮겼다. 일단 겉모양만 번지르르하게 준공 날
짜만 맞추면 되겠지 하는 생각이었겠지만, 결코 적당
히 넘겨서 될 일이 아닌 것이다.

이래서는 회사 전체의 이미지가 실추되는 것은 말할 것도 없거니와 더 힘든 결과로 이어지게 된다.

부실하게 완공한 아파트는 보수공사를 하지 않으면 입주하는 사람이 없을 것이다. 그만큼 신용은 떨어지고, 경우에 따라서는 손해보상금을 지불해야 한다. 날림공사를 했기 때문에 결국 막대한 보상금을 물어내야 하는 것이다.

어떤 일이든 속이면 반드시 좋지 않은 결과가 나타난다. 건성으로 한 일은 절대로 통용되지 않는다.

게으름을 피우면 금방 표가 난다

미래는 일하는 사람의 것이다. 권력과 명예도 일하는 사람에게
주어진다. 게으름뱅이의 손에 누가 안겨 주겠는가.

외부에서 활동하는 영업사원들은 특히 자기관리를
잘 해야 한다. 회사에서 나가 돌아올 때까지 밖에서
어떻게 행동하면 좋을지는 자신들이 결정해서 실행
하는 것이다.

그동안 무슨 짓을 하든 상사와 동료들의 눈에 띄지
않는다. 그런 까닭에 "오늘은 기분이 내키지 않으니
까 적당히 넘기자"는 게으른 마음이 생기기 쉽다.

또 밖에 나가면 유혹이 많은데 게으름을 피운다면 어
떤 결과가 올지는 말하지 않아도 뻔하다. 적당히 게
으름을 피우고 회사에 돌아온 사람은 어딘지 모르게
표가 나는 법이다. 하루 활동보고서 안에 거짓이 들
어 있으면 상사가 추궁하지 않더라도 드러나고 만다.

"머리만 감추고 꽁지는 감추지 않는다"는 속담이 있다. 꿩은 풀 속에 머리를 박고 숨었다고 생각하지만 꽁지가 풀 밖으로 드러나 보인다는 뜻으로, 어리석은 사람을 비유한 것이다.

인간은 누구나 자기 양심에 걸리는 짓을 하면 행동은 숨겼다 하더라도 마음의 거리낌은 얼굴에 그대로 나타나서 숨기지 못한다. 이런 하찮은 일로 신용을 잃어버리는 일은 없어야 한다.

잡담은 휴식시간에나 해라

비판은 절대금물, 칭찬을 많이 해라.

여성들의 귀에 조금 거슬리는 이야기를 하겠다. 여성 몇 사람만 모이면 언제 그칠지 모를 정도로 세상 이야기나 남의 험담 같은 잡담으로 시간 가는 줄 모른다.

예전에는 마을마다 공동우물이 있어 아낙네들이 물을 긷거나 빨래를 하면서 이런저런 화제로 이야기꽃을 피웠다. 그 시대의 공동우물가란 동네 아낙네들의 사교의 장이요 정보 교환의 장이었다. 현대화의 물결에 밀려 공동우물도 거의 사라지고 동네 여성들의 그런 즐거움이나 정경은 좀처럼 볼 수 없게 되었다.

예전과 달리 여성들도 사회에 진출하여 활동하기 때문에 이웃 사람들과 이야기를 나눌 기회도 훨씬 적어지게 되었다. 여성들의 직장생활과 함께 직장 안으로 자리가 옮겨진 것 같다.

탕비실이나 화장실은 다른 부서 사람들과 공동으로 쓰는 곳이어서 근무 중이라도 서로 얼굴을 마주치게 되는데, 그때 참았던 이야기보따리가 터져 버리는 것이다. 이야기는 모두 대수롭지 않는 것, 즉 남의 험담이나 소문 같은 것들이다.

일반적으로 여성의 수다는 스트레스 해소 등 정신건강상 아주 큰 역할을 한다고도 한다. 어떤 활력소라 해도 직장은 생산활동을 하는 장소다. 그러므로 일하는 도중에 개인적으로 스트레스를 해소시켜서는 안된다. 역시 에너지의 축적은 휴식시간이나 퇴근 후 사생활 장소에서 하는 것이 바람직하다.

다른 일을 하면서 응대하는 것은 큰 실례다

얘기를 중지하면 손님을 놓친다. 등을 돌려도 손님을 놓친다.

일이 바쁜 탓인지 직장 안에 활기가 넘치고 있다. 이런 좋은 분위기에 찬물을 끼얹으려는 것은 아니지만, 앞으로 주의할 점에 대해 몇 가지 이야기하겠다.

일이 바쁠 때는 지나치게 긴장하고 있어서 그런지 한꺼번에 두 가지 일을 하려는 사람이 많다. 예를 들어 전화 통화를 하면서 다른 일도 하는데, 특히 감탄하지 않을 수 없는 것은 수화기를 어깨와 귀 사이에 끼우고 양손으로 다른 작업을 한다든가, 옆 사람과 필담을 한다든가 하는 경우도 있다.

이와 같은 태도는 곧 상대가 알아차리게 되는 법이다. 왜냐하면 대화를 통해 느껴져야 할 민감한 반응과 말 속에 내포되어야 할 진지함이 상대에게 전달되지 못하기 때문이다.

우리도 상대방이 적당하게 응대하고 있다는 것을 느낀 적이 있을 것이다. 만일 있었다면 틀림없이 그 순간에 불쾌한 생각이 들었으리라.

이와 같이 무슨 일을 하면서 응대하는 것은 전화뿐만이 아니다. 접수처에서 다른 일을 하면서 손님을 맞이하는 태도, 상사나 동료가 묻는데도 일손을 멈추지 않고 곁눈질로 대답하는 태도, 복도에서 마주친 손님에게 동료와 말을 주고받으면서 소홀히 하는 인사태도 등 이 모두가 상대에게 실례가 되는 것이다.

비록 아주 작은 일이라도 그 순간에는 100% 그 일에 대해서만 정신을 집중시키는 것이 비즈니스맨의 철칙이다. 아무리 바빠도 한꺼번에 두 가지 일을 해서 상대를 불쾌하게 하는 일이 없도록 주의하기 바란다.

잡담할 시간 있으면 생각하고 궁리하라

귀를 기울이는 데서 지혜가, 수다를 떠는 데서 후회가 온다.

근무시간에 쓸데없는 잡담을 해서는 안 된다는 것쯤은 잘 알고 있을 것이다. 그러나 알고 있으면서도 옆 사람에게 자꾸 말을 걸고 싶어진다. 업무에 관한 대화라면 자주 하는 것이 좋겠지만, 일 외의 이야기로 직장 분위기를 어수선하게 만든다.

직장은 일을 하는 곳이므로 일 외의 이야기로 활기를 띠는 것은 바람직스럽지 않다. 프랑스의 유명한 사상가 몽테스키외는 "인간은 생각하는 일이 적으면 적을수록 더 지껄인다"는 명언을 남겼다. 이 말은 지껄이기 좋아하는 사람은 그만큼 일에 대한 지혜를 짜내지 못한다는 뜻이다. 필리핀 속담에도 이런 말이 있다. "쉴새없이 깎고 있는 칼날은 예리해진다. 쉴새없이 지껄이고 있으면 지혜도 둔해진다."

둘을 맞춰 보면 생각하는 것이 적기 때문에 지껄이게
되고, 지껄이기만 해서 더 '생각할 수 없는 사람'이
되고 만다는 뜻이다. 쓸데없는 잡담을 하고 있으면
능력은 점점 저하되어 결국 단순노동밖에 할 수 없게
되고 만다.

잡담을 하고 있을 여가가 있으면 조금이라도 일을 개
선한다든가 다음 할 일에 대한 아이디어를 짜내라.
그리고 앞을 바라보는 일에 대해 생각하라.

"쓸데없는 잡담은 독이 된다"는 말을 명심하기 바란다.

인간의 신경은 두 가지 일에 집중할 수 없다

삶의 기술이란 하나의 공격 목표를 골라
그것에 힘을 집중하는 데 있다.

입시공부를 할 때 라디오 심야방송을 들으면서 한 경
험이 있을 것이다. 방송을 들으면서 공부하거나 또는
TV를 보면서 다른 일을 하는 경우가 많다.

그 버릇이 습관화되어 한 가지 일을 하면서 또 다른
일을 하지 않으면 능률이 오르지 않는다는 사람도 있
다. 이런 체질인 사람은 당장 고치도록 권한다.

회사에서 라디오를 듣거나 TV를 보면서 일을 할 수
는 없지만, 대신 잡담을 하거나 다른 생각을 하면서
일을 하는 경우는 있다.

정신을 분산시키지 않고서 일을 할 수 없다는 것은 아주 이상한 버릇이다. 인간의 신경이란 본래 동시에 두 가지 일에 집중할 수 없게 되어 있다.

일의 능률의 기본은 어디까지나 집중력이므로 큰 차이가 있음은 당연하다. 한 가지 일을 할 때 100% 그 일에만 정신을 집중시키지 않으면 안 된다.

정신을 집중시켜야만 비로소 만족스러운 성과가 이루어진다. 일단 직장에 발을 들여놓았으면 오직 일에만 신경을 집중시켜야 한다.

해가 뜨지 않는 날은 결코 없다.

자신의 부족함을 깨달음으로써 충실한 사람이 된다.

얻는 것으로 생활을 이루고, 주는 것으로 인생을 이룬다.

돈이 있어도 이상이 없는 사람은 몰락의 길을 걷는다.

꿈을 품어라. 꿈이 없는 사람은 생명력이 없는 인형 같다.

꿈은 우리가 가진 성격을 나타내는 지표다.

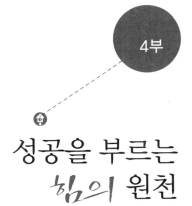

4부

성공을 부르는
힘의 원천

실행이 곧 도전이다

세상을 변화시키려는 사람은 많다. 그러나 자기자신을 변화시키려는
사람은 많지 않다.

인생의 목표는 성과를 만들어 내는 데 큰 역할을 한
다. 목표를 현실화시키기 위해서는 최소의 시간으로
최대의 성과를 거둘 수 있는 실행의 도전이 필요하
다. 어느 분야에서 누군가가 큰 성공을 거뒀다면 그
것은 자기만의 창의성을 실행했기 때문이다. 성공을
위해서는 하고 싶은 일이나 즐겁게 할 수 있는 일을
택해야 한다.

최대의 성과를 거두기 위해서는 무엇보다 성공으로
다가서기 위한 나만의 혁신적인 방법부터 생각해야
하며, 절호의 기회를 잡기 위해 목표를 정하고 이를
실행에 옮겨야 한다. 독창적인 아이디어에서 비롯된
분명한 목표는 모든 성공의 출발점이다.

목표를 설정하는 것을 습관화하고 실천하면 시간의 본질을 이해하게 된다. 시간은 한번 지나가면 다시 돌아오지 않는 화살과 같은 것이다.

톨스토이는 "우리 앞에 놓여 있는 가장 중요한 문제는 다음과 같다. 우리는 올바르게 살고 있는가? 우리가 삶이라고 부르는 이 짧은 시간에 우리를 세상에 보낸 힘의 의지에 순종하며 실행하고 있는가?"라는 물음으로 시간의 중요성을 강조했다.

대한민국 직장인들이 성공으로 가는 길은 다양해졌으나 주어지는 시간은 여전히 많지 않다. 명확한 목표가 있다면 머뭇거리지 말고 당장 실행에 옮기자.

당장의 실행, 성공의 제스처

해가 뜨지 않는 날은 결코 없다.

세계는 하나이며 주역은 나 자신이다. 우선순위를 정한 후 구체적이고 실현가능한 계획표를 만드는 한편, 뛰어난 아이디어를 개발하여 그것을 실행한다면 인생과 직장 모두 큰 도약을 이룰 수 있다.

어떤 일이든 긍정적으로 생각하고, 무슨 일이든 자신이 선택한 아이디어를 적극적으로 실행해야 한다. 아이디어의 좋고 나쁨은 어떻게 실행하느냐에 따라 결정된다고 해도 과언이 아니다.

실행은 곧 도전의 또 다른 말이다. 위대한 성공을 거둔 아이디어도, 그것이 전체 업무에서 차지하는 비중은 5%에 불과하다. 결국 모든 것은 실행에 달려 있다. 실행이 곧 전부다.

실패를 두려워하지 않고 일에 집중하게 하는 자신감
이 있다면 어떤 일이 벌어지더라도 세상과 자신을 있
는 그대로 수용하며 최선을 다할 수가 있다.

자신감은 인생에서 성공을 이끌어내기 위해 반드시
필요한 필수요소다. 자신감을 갖기 위해서는 부단한
노력으로 스스로 만족할 수 있는 상태로 자신을 끌어
올려야 한다. 스스로에 대한 만족, 그 가치를 알게 되
면 유쾌하게 살 수 있으며 타성에서 자유로워질 수
있다.

자신감의 가치

자신의 부족함을 깨달음으로써 충실한 사람이 된다.

진정한 자신감은 외부로 드러나는 성취와는 상관이 없다. 자신감은 자신이 가진 어떤 능력에 대한 신뢰가 아니라, 어떤 상황에서든 적극적으로 행동할 수 있다는 자신에 대한 믿음이다.

따라서 자신감은 세상과 나 자신을 있는 그대로 수용함으로써 얻어지는 내적인 결과물이다. 그것은 나 자신과의 약속, 내가 원하는 일, 필요로 하는 일은 뭐든지 최선을 다하겠다는 도전으로 이루어져 있다.

자신감은 자신의 일에 대해 긍정적인 시각을 부여한다. 그래서 자신의 직업에 긍지를 가져야만 자신의 가치를 높일 수 있다.

그러기 위해서는 우선 직장인들은 모두 자기 분야의 전문가가 되어야 한다. 운동 경기라 치면 공격과 수비 양면의 모든 기술에 뛰어난 선수가 되어야 하는 것이다.

이러한 마인드를 소명의식이라고 한다. 어떤 일이건 자신의 직무를 수행하는 데 필요한 지식과 기술을 갖추어야 한다. 소명의식과 더불어 천직의식도 가져야 한다. 이는 직업의 수입이 많고 적고 지위가 높고 낮더라도 자신의 직업에 긍지를 느끼며 일에 열성을 가지고 성실히 임하는 자세를 뜻한다.

진정한 용기란

위대함을 흉내내지 마라. 가장 자기다운 모습으로 기꺼이 받아들여라.

"용기란 인간이 행복을 누리는 데 중요한 구실을 하는 요소"라는 쇼펜하우어의 말처럼 용기란 두려워하지 않는 기개이며, 어려움을 참고 견뎌내는 힘이다.

자신을 위해, 사랑하는 가족의 행복을 위해서 용기를 가져야 한다. 용기 있는 직장인은 세상을 바꾸고, 누군가에게 끌려 다니지 않는 주체적인 인생을 살아간다. 물론 용기가 지나치면 경솔함이 될 수도 있다. 진정한 용기는 남 앞에서 잘 드러나지 않는 법이다.

누군가와 대화할 때, 화가 나는 상황에서 화를 참지 못하고 발산해 버리는 사람이 있다. 이런 사람들은 같은 상황을 잘 참아내는 사람보다 성공할 확률이

적다. 화를 내거나 감정을 여과시키지 못하고 표현해
버리는 것도 용기가 부족한 경우에 생기는 일이다.

반대로 순간적인 화를 가라앉히고 이성적으로 문제
를 짚어나가는 것이 진정한 용기다. 성공은 계속 버
텨야만 얻을 수 있고 실패는 포기하는 순간 찾아온
다. 용기 있는 직장인은 그때를 잘 알고, 움직여야 할
때 움직이는 법을 알고 있다.

세상의 어려운 일은 언제나 쉬운 데서 일어나고, 큰
일은 작은 데서 비롯된다.

인내하는 자만이 용감한 심장을 얻는다

얻는 것으로 생활을 이루고, 주는 것으로 인생을 이룬다.

필요할 때 용기를 낼 줄 아는 직장인은 더욱 높은 평가를 받는다. 참는다는 것은 비굴한 것이 아니고 그 사람의 품성이며 인내심의 깊이를 보여 주는 지표다.

이것은 타고나는 성격이 아니다. 태어날 때부터 용기를 갖고 태어난 이는 없다. 모두 꾸준한 노력으로 배양되는 것이다.

용기 있는 사람이 되려면 인내할 줄 알아야 한다. 축복은 고통, 손실 혹은 절망이 있어 그 진가를 드러낸다. 그러므로 지금의 고통과 손실, 절망에 인내하라. 진실로 인내할 때 참된 축복의 맛을 느낄 수 있다.

성공한 직장인은 용감한 심장을 가지고 있다. 훌륭한 인재는 테크닉만으로 인정받지 않는 법이다. 뛰어난 업무 능력만으로는 성공의 반열에 오를 수 없다. 성공은 계속 버티는 자에게 찾아오는 포상이다.

가장 잘 견디는 자가 무엇이든지 가장 잘 할 수 있는 사람이다. 스스로를 제어하는 인내와 용기로 성공의 때를 기다려라. 그 길에 오르기까지 감수했던 모든 고난들은 충분한 보상으로 되돌아올 것이다.

용기는 인간이 가질 수 있는 가장 위대한 마음이다.

성공한 삶의 첫째 조건은 건강!

건강한 삶 속에 무엇을 채워 넣을지는 자기자신에게 달려 있다.

모든 만족은 건강으로부터 온다 해도 과언이 아니다. 건강을 위협하는 가장 큰 적은 스트레스다. 현대인들은 만성적인 스트레스에 시달리며 살아간다. 스트레스를 많이 받는 직장인은 잠만 잘 자도 활기차게 하루를 지낼 수 있다.

수면 부족은 신경과민을 불러와 면역력을 떨어뜨리고 건강을 해쳐 업무에 큰 무리를 부른다. 무언가를 하기 위해서는 먼저 건강해야 한다. 사랑을 하든, 성공을 하든, 몸을 잘 돌보고 조심해서 다뤄야 한다. 특히 직장인은 평소 열심히 운동하고 좋은 음식을 섭취해야 할 필요가 있다.

건강하면 하는 일의 의욕도 상승한다. 활력 있는 신
체활동은 자신감을 증진시키기 때문에 심리적 안정
감과 자신감을 준다. 실제로 다양한 운동은 심리치료
요법으로도 많이 활용된다.

적절한 운동은 인간의 본능 속에 잠재된 강렬한 신체
활동과 자기표현 욕구를 충족시키는 중요한 역할을
하며, 창조적 문화 형성과 발전의 원동력이 된다. 신
체의 건강이 만사의 즐거움과 기쁨의 원천인 것이다.

건강을 유지하려면

마음속에 행복한 기대를 안고 보낸 시간이 성공을 이룬 시간보다
더 즐거운 법이다.

삶의 최대 만족은 본인이 건강할 때 이루어진다는 것
을 명심하자. 건강을 위해서는 우선 운동을 해야 한
다. 운동은 육체와 정신기능의 쇠퇴를 보호할 뿐 아
니라 에너지를 향상시킨다. 운동의 효과는 셀 수 없
이 많다.

근육을 강하게 단련시키면 20대부터 젊음과 아름다
움을 유지할 수 있어 미용과 자신감의 증진에도 큰
도움을 준다. 체중 유지와 질병에 대처하는 면역력을
높이기 위해서는 적당한 운동과 자연식품을 섭취하
는 것이 중요하다.

수면은 피곤한 심신을 회복시키는 가장 좋은 방법이
다. 에너지를 재충전할 수 있는 수면은 자신을 관리

하는 또 하나의 지혜. "현명한 사람일수록 잠을 잘 잔다"는 생물학자들의 연구 결과도 있다.

어리석은 일 중에 가장 어리석은 일은 이익을 위해 건강을 희생하는 것이다. 이제 본인의 인생과 성공한 미래를 위해 건강부터 챙기는 습관을 들이자.

인생은 늦거나 빠른 것은 중요하지 않다. 빠르면 빠른 대로 느리면 느린 대로 저마다 다른 의미가 있다.

내일에는 두 가지 자루가 있다. 불안의 자루와 믿음의 자루. 우리는 둘 중 하나를 잡아야 한다.

독서하는 사람이 세계를 지배한다

일찍 책장을 덮지 마라. 삶의 다음 페이지에서
또 다른 멋진 나를 발견할 테니.

현명한 사람은 책을 읽는 과정에서 얻어지는 중요한
산물, 즉 어휘 확장, 정보 습득 등을 즐긴다. 이는 독
서를 통해서만 얻을 수 있는 의미 있는 것들이다.

직장인은 가능한 한 책이라는 멘토를 많이 확보하는
것이 좋다. 책을 통하여 정보를 얻고, 사색하는 일을
즐기자. 내키지 않고 눈에 잘 들어오지 않더라도 다
양한 분야의 책을 꾸준히 읽는 습관을 들이자. 지금
당장은 본인의 삶에 필요하지 않은 지식이라도 언젠
가는 반드시 유용하게 쓰일 것이 다양한 책 속에 모
두 들어 있다.

콘서트는 순간의 즐거움을 주지만, 독서는 영원한 지
혜의 즐거움을 안겨 준다. 책 읽는 목적을 명확히 하
고 독서를 하면 자신도 모르는 사이에 커다란 성장을
이룰 수 있다.

책이 없는 방은 영혼이 없는 육체와도 같다. 독서하지 않은 영혼은 늘 공허하다. 꿈에 대한 도전이 있으면 자연히 책을 접하려고 노력하게 된다. 특히 자신의 관심 분야에 대해서는 더 많이 그리고 자세히 알고 싶은 것이 사람의 심리다.

다독하는 직장인은 자신의 독서 스타일을 파악하여 비교적 효율적으로 책을 읽는다. 자기가 원하는 필요한 부분만 먼저 읽고 생각하고 또 읽고 생각하기도 하고, 필요한 부분에 대한 메모를 해서 기억의 지속력을 키우기도 한다.

누구나 마음속에 생각의 보석을 지니고 있다. 다만 캐내지 않아 잠들어 있을 뿐이다.

제대로 된 독서법

폭넓은 성공을 이루기 위해서는 그만큼의 독서량이
뒷받침되어야 한다. 효과적인 독서방법을 알아두는
것도 좋다. 먼저 서문을 읽고 저자가 무엇을 말하고
자 하는지 파악한 다음 목차를 보고 그 내용을 읽고
가장 맘에 드는 항목을 골라 읽어 보자. 효과적인 독
서 방법으로 짧은 시간에 다양한 책을 읽을 수 있고
필요한 부분을 골라 읽는 방식으로 기억이 더욱 오래
간다. 저자와의 공감대를 형성하고, 활자 속에서 오
감을 느끼며 읽는다면 더할 나위 없이 좋다.

스스로 이야기의 주인공과 동화되어 책이 전달하려
는 메시지와 주제의식을 받아들이는 긍정적인 자세
도 중요하다. 물론 유익하지 않은 책들도 있다. 읽기
싫고 재미도 없고 도움이 안 될 것 같다면 굳이 읽지
않는 것도 바람직하다.

생각하지 않고 읽는 것은 잘 씹지 않고 먹는 것과 같다. 책을 읽을 때마다 마인드맵을 그려보는 것이 좋다. 당신이 하고 있는 일과 연계하여 책을 읽으면 좋은 아이디어를 얻을 수 있다. 혼자 읽는 것에 그치지 말고 읽은 내용 중 유익한 것은 주변이나 회사 동료들과 공유하면 복습 효과도 얻을 수 있다.

중요한 부분 중심으로 요약해 두면 업무나 새로운 일을 기획할 때 사용할 수 있다. 이를 업무를 수행할 때 신선한 아이템으로 활용하도록 하자. 번득이는 아이디어를 하나씩 얻어갈 때마다 책의 힘을 느끼게 될 것이다. 좋은 책은 반복해서 읽으면 읽을 때마다 새롭다. 책을 통해 새로운 시야가 열리게 된다.

잘하는 일에 매진하자

돈이 있어도 이상이 없는 사람은 몰락의 길을 걷는다.

직업에는 귀천이 없다. 내가 좋아하고 관심이 있으며 잘하고 싶은 분야라면 타인의 눈을 의식하지 말고 최선을 다해 그 일에 매진하라. 유독 우리나라는 투철한 직업의식이나 장인정신이 필요한 직업을 낮게 여기는 풍토가 있다. 그에 반해 일본에는 자그마한 스시집을 몇 대째 이어오는 곳이 많다.

그것은 장인정신을 바탕으로 형성된다. 작고 하찮게 보이더라도 그 속에는 무엇과도 비교할 수 없는 정신과 숭고한 직업의식이 담겨 있다. 당신의 직업에도 바로 그 의식을 더해야 한다. 그래야만 최고의 자리에 우뚝 설 수 있는 것이다.

직업의 의의는 생계 수단, 사회적 기여, 자아실현이다. 청년 실업이 극심한 이 사회에서 일을 한다는 것은 그 자체가 매력적이다. 자신이 하는 일에 대해 일을 한다는 것 자체에 즐거움을 가져야 한다.

모든 일에는 어려움이 따르기 나름이다. 성공의 관건은 그 어려움을 이겨낼 수 있느냐에 달려 있다. 반드시 이기겠다는 신념을 갖자. 장애물을 디딤돌로 활용할 수 있을 정도로 경험을 축적하고 본인의 능력을 갈고 닦는다면, 세상의 중심에 설 수 있을 것이다.

본인이 직업을 택했다면 두려움을 강한 자신감으로 바꾸고 적극적으로 개척해 나가야 한다. 그렇게 한다면 모든 것을 초월한 일의 즐거움을 맛보게 될 것이다. 최후의 승리는 인내하는 사람에게 돌아간다.

생각이 인생의 소금이라면 희망과 꿈은 인생의 사탕이다. 꿈이 없다면 인생은 쓰다.

예절과 매너로 매혹시켜라

꿈을 품어라. 꿈이 없는 사람은 생명력이 없는 인형 같다.

올바른 예절과 매너는 진실된 마음에서 나온다. 순수한 예의는 밖으로 흘러나와 행동으로 나타나게 된다. 몸에 배어 습관이 된 예절과 매너는 상대방에게 큰 감동을 선사해 좋은 결과로 이어진다.

친절한 서비스는 성공을 결정하는 필수 요소로 당신과 회사를 살린다. 서비스 경쟁이 치열해지는 것도 모두 이 때문이다. 너그럽고 상냥한 태도와 사랑을 지닌 마음은 자신의 외모를 아름답게 만들고, 평범한 고객을 충성심 가득한 고객으로 만든다.

예절과 매너를 습관화하기 위해서는 타인과의 협력을 어떻게 하면 잘 이끌어 낼 것인가를 생각하고 실천하는 것이 중요하다. 그렇게 하기 위해서는 먼저 그 사람과의 거리를 좁혀야 한다. 그래서 인간관계를 맺을 때 얼굴을 마주보는 것은 기초 중의 기초다.

그 다음으로 중요한 것은 무엇을 위해 상대방과 관계
하려는가를 정확히 파악하는 것이다. 한순간 스쳐가
더라도 아무 의미 없는 인간관계는 없다. 사적인 만
남뿐만 아니라 업무를 바탕으로 분명한 목적 없이 사
람만 만나는 일은 지양해야 한다.

올바른 예의와 자세를 갖추었다면 만남이 없는 순간
에도 항상 누군가를 맞이할 준비를 하자. 아무런 준
비 없이 기회를 기다리는 것은 그물 없이 고기를 잡
으려는 것과 같다. 기회는 찾아오는 것이 아니라, 내
가 만들고 붙잡는 것이다. 단 한 번의 인연으로 모든
것이 달라질 수 있는 세상이다. 친절을 습관화하여,
인연을 놓치는 우를 범하지 말자.

공손하라. 공손하지 않은 사람들의 대부분은 껍질은
단단하나 내용물은 텅 비어 있다.

'한 가지'만 '제대로'

일의 능률의 기본은 어디까지나 집중력이다. 한 가지 일을 할 때 그 일에만 정신을 집중시키지 않으면 어떤 일이든 능률이 오르지 않는다. 당연히 성과도 정신을 집중시켜야만 나올 수 있다. 그 습관이 고쳐지지 않더라도 직장에서만큼은 노력해야 한다.

빛도 한 초점으로 모이면 불꽃을 피운다. 집중력도 그런 힘을 가지고 있다. 한 점으로 모인 정신력은 어떤 업무가 주어져도 훌륭한 결과를 만들어 낸다.

이는 사람을 상대하는 일에도 그대로 적용된다. 다른 일을 하면서 고객을 응대하는 것은 크나큰 실례다. 바쁜 경우에는 직장에서도 종종 그런 일 벌어지곤 한다.

두 가지 일을 한꺼번에 하다 보니 생기는 오류이자 잘못이다. 조금 더디더라도 한 번에 하나의 일을 완벽하게 처리하는 것이 백번 낫다.

아주 작은 일이라도 100% 정신을 몰입시키는 것이 직장인의 철칙이다. 일이 바빠도 한꺼번에 두 가지 일을 해서 상대를 불쾌하게 하는 일이 없도록 주의하도록 하자.

다른 사람에게 인정받기보다는 나 자신이 스스로를 인정할 수 있는 직장인이 되자.

전적인 신뢰가 큰 사람을 만든다

승리는 의지의 소산이다.

친구들로부터 따돌림을 당하고 엉뚱한 실수를 저지르기 일쑤였던 레오나르도 다빈치에게 그의 할머니는 항상 이렇게 말했다고 한다.

"넌 무슨 일이든 해낼 수 있어. 할머니는 너를 믿는단다."

인류와 문명을 도약시킨 역사적으로 인정받는 위대한 일을 해낸 사람들. 그들 곁에는 언제나 그를 믿어준 사람이 있었다. 이는 생각하기에 따라서 사람을 향해 보내는 무한한 신뢰가 결국 그를 위대한 인물을 만든다는 것으로 이해할 수 있다.

당신은 그러한 신뢰를 받고 있는가? 아니면 그러한 신뢰를 누군가에게 주고 있는가? 한 번쯤 생각해 볼 일이다.

프로이드가 쓴 「꿈의 해석」에 "내가 위대한 사람이 되려고 노력했던 것은 '너는 장차 위대한 인물이 될 것'이라는 어머니의 믿음 때문이다"라는 인상적인 문구가 있다.

직장인들의 인간관계에서도 믿음은 매우 중요한 역할을 한다. 여자들은 남자들에 비해 덜 신뢰받고 덜 신뢰를 주는 것처럼 여겨질 때가 많다. 하지만 반대로 상대방에게 신뢰를 받을 수만 있다면, 신뢰를 주고 있다고 느끼게 해 줄 수만 있다면 그것은 다른 직장인들과 차별화되는 본인만의 강점이 될 수 있다.

자기자신을 이기는 것이야말로 최대의 승리다.

믿음과 신뢰가 중요한 이유

독창적인 작가란 누구도 모방하지 않는 사람이 아니라
아무도 그를 모방할 수 없는 사람이다.

본래 인간은 상대에게 인정받고 사랑받고 싶은 욕망
을 가지고 있다. 노력 여하에 따라 우리는 신뢰와 사
랑을 얻을 수도 있고, 도리어 불신을 받을 수도 있다.
인정받는 직장인이 되기 위해서는 우선 자신의 감정
을 컨트롤하는 방법을 터득해야 한다.

당신이 누군가를 성공한 사람으로 신뢰하고 대해 준
다면, 상대방은 그 기대에 부응하려고 노력할 것이
다. 그것을 바로 피그말리온 효과Pygmalion Effect라고
한다.

피그말리온 효과는 무엇이든 간절히 바라면 현실화
되는 현상을 말하는 것으로, 타인의 기대나 관심으로
인해 능률이 오르거나 결과가 좋아지는 현상을 뜻한

다. 즉 누군가에 대한 믿음이나 기대 예측이 그 대상에게 영향을 미쳐 그대로 실현되는 현상이다.

사람은 다른 사람으로부터 믿음과 신뢰를 잃었을 때 가장 비참해진다. 신뢰와 믿음이 중요한 이유다. 신뢰는 예절에서부터 시작된다. 재능을 가진 직장인에게 보내는 신뢰는 또 다른 에너지가 되어 그 능력을 100% 발휘하게 만들어 준다.

능력이 조금 부족한 사람도 신뢰를 받는 순간, 숨겨져 있던 재능에 눈을 뜨게 된다. 평범한 사람도 훌륭하게 만드는 마법 같은 신뢰와 믿음을 통해 자기계발을 지속해 보자.

질문은 당당하게

승자의 주머니 속에는 꿈이 있고 패자의 주머니 속에는 욕심이 있다.

성공하고 싶다면 모르는 것, 궁금한 것으로부터 자유로운 직장인이 되어야 한다. 모르는 것을 알아내는 것도, 궁금증을 해결하는 것도 모두 당신의 의지에 달려 있다. 지금까지 살아온 시간을 되돌아보기만 해도 '끊임없이 질문을 해야 한다'는 간단한 명제가 얼마나 중요한 것인지 알 수 있다.

궁금하면 반드시 그것을 해결하고자 하는 의지를 가지자. 혹시 궁금한 내용이 크게 중요하지 않거나, 대화의 흐름을 깰까 봐 입을 다물었을 수도 있다. 하지만 모르거나 궁금한 것을 해소하지 못하고 그것 때문에 이야기의 진짜 내용을 이해하지 못하면 결국에는 본인의 손해라는 것을 알아야 한다.

어려워하지 않고 질문을 하는 직장인들은 대개 주도적으로 자신의 영역을 꾸릴 줄 아는 직장인이다. 이는 다른 사람의 지식과 지성을 인정하고 신뢰한다는 표현이기도 하다.

상대방이 당신을 무시하거나 당신의 질문에 대하여 억지로 잘못된 지식을 전달할 것이라고 생각하는가. 아니면 질문을 하는 것이 의존적인 사람들이나 하는 일이며, 부끄러운 일이라고 생각하는가? 설사 그렇다고 하더라도 현명한 직장인이라면 질문을 하는 5분 동안만 부끄럽고 말지, 평생을 모르거나 궁금해하며 살아가지는 않을 것이다.

정말 부끄러워해야 할 일은 모른다는 사실을 감추고 배우려 하지 않는 자세다. 입장을 바꿔 누군가가 당신에게 질문을 하거나 모른다고 이야기하면 어떻게 할 것인가? 적어도 그 사람을 단지 모른다는 이유로 바보라고 힐난하지는 않을 것이다.

미래는 나의 것

행복한 사람은 자신을 다스릴 줄 아는 사람이다.

불우했지만 역경을 딛고 일어서 끝내 성공한 직장인이 많다. 그들의 이야기를 들으면 자연스럽게 따라하고 싶은 욕구가 생기고 강한 자극제가 된다.

하지만 성공에는 한 가지만의 정답은 없다. 20대들은 인정받기를 원하기 때문에 그런 이야기를 통해 얻은 답에 현혹된다. 그러나 그것은 성공하고 싶은 헛된 욕망의 표출일 뿐, 진짜 자신의 미래와 연관된 성공은 아니다.

30대 이후에는 현실이라는 위태로운 길을 걷는 데 필요한 것은 인생의 즐거움과 미래에 대한 기대다. 저절로 성공하고 싶어 하는 마음을 불러일으키면 된다.

그리고 성공한 직장인이 내놓는 답은 본인의 성공을 위한 동기 부여일 뿐이다. 능력 있는 직장인이란 본인만의, 본인을 위한 희망을 품고 노력하는 사람이다. "미래는 이미 시작되었다"라고 R. 융이라는 미국의 저널리스트가 말한 것처럼, 남다른 미래를 원한다면 남다른 오늘을 살아가야 한다.

지금 어느 위치에 있느냐는 중요하지 않다. 모든 위치가 목표에 닿을 수 있는 출발점이라면 말이다. 인간이 현명해지는 것은 경험에 의한 것이 아니고 경험에 대처하는 능력에 의한 것이다.

말에게 억지로 물을 먹이지는 못해도, 말이 물을 먹을 수 있도록 만들 수는 있다.

시간을 지배하라

시간을 낭비하는 것은 자신에게 저지르는 크나큰 범죄다.

일을 할 때는 지켜보는 이에게 감탄사가 나오게 하라. 변화가 심한 시대의 흐름에 맞추어 좀 더 유연해져라. 미래의 비전을 예측하고 이에 초점을 맞춰라. 미래는 끊임없이 배우고 행동하는 직장인의 몫이다.

"내가 하는 일은 너무도 비밀스러워 나 자신조차 내가 무얼 하는지 잘 모른다"는 윌리엄 웹스터의 말처럼, 가장 행복한 직장인들은 삶을 창조하고 행복해지는 것에 대해 집중할 뿐, 다른 것은 생각하지 않는다.

이제 미래가 다가오는 것을 기다리지 말고, 본인이 미래로 나아가는 것을 모를 만큼 현실의 길을 당당하게 걸어가며 미래가 자신을 뒤따라오게 만들어라.

미래를 준비하기 위해, 미래에 대한 많은 상상과 희망을 품어라. 되도록 섬세하고 깊게. 무엇이든지 남에게 대접받고자 하는 대로 남을 대접하라. 그리하면 그대로 받게 될 것이다.

시간을 지배할 줄 아는 직장인만이 인생을 지배할 줄 아는 현명한 직장인이다.

"가장 바쁜 사람이 가장 많은 시간을 갖는다. 부지런히 노력하는 사람이 결국 많은 대가를 얻는다"는 알렉산드리아 피네의 말을 다시 되새겨보자. 시간의 본질을 이해하게 된다면 시간은 한번 지나가면 다시 돌아오지 않는다는 사실을 느끼게 될 것이다.

시간 관리의 중요성

낙담하지 않고 용감하게 일어나는 패배자는 일종의 승리자다.

모든 일에 우선순위를 정하고 현실적인 하루 계획표를 만드는 습관을 갖자. 이는 인생에 굉장한 플러스 요인이 된다.

시간낭비 요소를 제거하면 모든 일을 긍정적으로 생각하게 된다. 무슨 일이든 자신이 선택한 것이라고 받아들이면서 적극적으로 할 수 있게 된다. 시간을 효율적으로 관리하고 있는지 점검표를 만들어 수시로 검토하면 낭비를 더욱 줄일 수 있다.

"가라, 달려라, 그리고 세계가 6일 동안에 만들어졌음을 잊지 말라. 그대는 그대가 원하는 것은 무엇이든지 나에게 청구할 수 있지만 시간만은 안 된다"라고 나폴레옹이 말한 것처럼, 우리는 일 년 후면 다

잊어버릴 슬픔을 간직하느라 무엇과도 바꿀 수 없는 소중한 시간을 버리고 있다. 시간을 헛되게 보내기에는 우리 인생이 너무나 짧다.

최소의 시간으로 최대의 성과를 얻어내기 위해서는 엄격한 시간 관리가 필수다. 일의 우선순위를 두어 철저히 행하는 것만이 시간을 절약하는 길이다.

일은 그것이 쓰일 수 있는 시간이 있는 만큼 팽창한다. 하루하루를 그대의 마지막 날이라고 생각하고 효과적인 시간 활용법을 익히는 연습을 하자. 지금이 아니면 평생 할 수 없는 절호의 기회라고 생각하는 일을 해야 효과적인 결과를 얻을 수 있다.

현재에 집중하자

최후의 승리를 원한다면 진리를 따라야 한다.

실패만 거듭했던 과거는 신뢰할 만한 것이 못 된다. "죽은 과거는 묻어 버려라"라는 말이 있듯 살아 있는 현재에 집중하고 그 흐름에 맞춰 행동하라. 현실에 집중하여 최대한 시간을 단축시키려는 것이 활력 있는 삶이다. 풀어진 마음과 행동으로 지금의 시간을 허비하는 안일함은 미래를 이미 죽은 과거로 만들 뿐이다.

내일은 시련에 대응하는 새로운 힘을 가져다 줄 것이다. "짬을 이용하지 못하는 사람은 항상 짬이 없다"는 유럽 속담이 있다. 그 시간에 부끄럽지 않은 모습으로 주어진 오늘에 최선을 다해야 한다.

일을 할 때는 집중하는 모습을 보이지만 나머지 생활에서는 풀어지는 모습을 보이는 직장인이 많다. 그

반대의 경우도 마찬가지다. 진정한 성공이란 잠든 시간마저도 관리를 할 줄 아는 자의 것이다.

시간 관리에 성공한 20대 직장인은 도전의 온도가 1℃ 높다. 그만큼 바쁘고 뜨겁기 때문이다. 게으름은 뇌 기능을 쇠퇴시키고 신체리듬을 무너뜨려 저항력을 떨어지게 한다.

값싼 승리는 곧 패배다. 괴로운 투쟁의 결과 얻어지는 승리만이 진정한 가치가 있다. 그 어떤 대가와 고난을 무릅쓰고라도 승리를 얻어야 한다. 승리하지 못하면 아무도 살아남을 수 없기 때문이다.

알아야 이긴다

고통 없이는 배울 수 없다.

이기고 지는 것은 하나의 과정이며, 살아가는 동안 이러한 성패는 반복될 것이다. 끊임없이 성패가 뒤바뀌는 혼잡한 세상 속에서 살아가는 우리 삶에서 성패를 가르는 가장 큰 요인은 무엇일까.

손자병법에 "지피지기知彼知己면 백전백승百戰百勝"이란 말이 있다. 이것은 적을 알고 나를 알면 실패가 없다는 뜻이다. 이는 자신의 진로를 결정할 때 특히 실감하게 되는 말이다.

직업을 선택할 때는 본인의 적성이 무엇인지 제대로 파악하여 일을 택하는 것이 좋다. 자신이 좋아하고 또 잘하는 일을 해야 흥미를 느낄 수 있고 일에 빠져들 수가 있기 때문이다. 회사를 선택할 때는 그 회사의 비전을 완전히 파악해야 한다. 같은 목표를 향하고 그곳을 향해 한곳을 바라보고 가야만 자신도 기업도 원하는 것을 얻을 수 있다.

이는 사람을 대할 때도 마찬가지다. 약속된 만남이 있다면 그에 대한 최대한의 정보를 얻어 그의 입장에서 이 만남에 대해 생각해 봐야 한다. 상대를 완전히 파악하지 못하더라도 대하는 내내 이성보다는 감성으로 포용한다면, 보다 깊이 상대를 파악할 수 있어 일의 진행이 수월해진다.

회사 업무 수행에도 이런 자세가 요구된다. 해당 업무에 투입되는 모든 직원에게 언제나 똑바르고 확실한 정보를 주어야 한다. 또한 확고한 승리를 위해서 전문지식에도 많은 관심을 쏟아야 하며, 간혹 발생하는 변수에도 유연하게 대처해야 한다.

감사, 서비스의 시작과 끝

"감사합니다, 고맙습니다"라고 말하는 습관을 갖자. 감사의 인사는 빨리 할수록 좋다. 감사하는 마음은 다른 사람을 향하는 감정이 아니라 평화로움에서 우러나는 자신을 위하는 감정이다. 때문에 감사함을 표현하는 행위는 언제나 자신에게로 돌아온다.

고객의 특성에 맞는 맞춤형 서비스는 마음을 움직여 커다란 성과로 돌아오게 된다. 시시각각 변하는 고객의 마음을 사로잡는 서비스 마인드는 발상의 전환으로 감성을 자극하는 고차원의 서비스 전략에서 시작된다.

고객들은 언제나 특별하고 감동적인 명품 서비스를 원한다. 이제 고객에게 각광받는 역발상 창조 서비스가 필요하다. 톡톡 튀는 다양한 서비스로 승부하려는 근성과 선순환virtuous circle의 만족을 불러일으키는 도전의 서비스 리더십이 필요하다.

유연한 자세로 고객의 요구에 응하고 그들의 말을 믿어 주며 고객을 위한 것이라면 뭐든지 한다는 의지를 가져야 한다. 그렇게 함으로써 고객은 감사함을 느끼고, 그것을 우리에게 돌려주게 된다.

거리를 청소하는 환경미화원이라 할지라도 미켈란젤로가 그림을 그리고 베토벤이 음악을 연주하고 셰익스피어가 글을 쓰듯 자기 일에 최선을 다해야 한다.

난초가 깊은 산 속에서 알아주는 사람이 없다고 하여 향기롭지 않은 것이 아니다.

불만은 비교에서 시작된다

타인의 자유를 부인하는 자는 자유를 누릴 가치가 없다.

욕심을 부리면 많은 것을 얻는 것은 고사하고 처음에 지녔던 것조차 잃기 십상이다.

옛 선인은 "만족할 줄 알아 늘 만족스러워하면 종신토록 욕되지 아니하고, 그칠 줄 알아 늘 그치면 종신토록 부끄러움이 없을 것이다"라는 격언을 남겼다. 이 말은 만족함을 알고 무리하게 많은 것을 구하려 하지 않는다면 불필요한 수치를 당하지 않는다는 뜻이다.

장애를 극복하고 세계 곳곳을 다니며 농맹아의 교육과 사회복지사업에 공헌한 헬렌 켈러의 말이다.
"불만이 많은 자는 미지의 땅을 향해 항해한 적도 없고 영혼을 위한 새로운 천국을 열어 준 적도 없다."

이 말은 자신의 처지를 괴로워하거나 불평하지 말고 극복하는 자세를 가져야 한다는 것을 일러준다.

불만은 결코 전략이 될 수 없다. 우리는 모두 한정된 시간과 에너지를 가지고 있다. 불만을 표하는 것은 시간적으로도 굉장한 낭비이자, 목표를 달성하는 데 전혀 기여하지 않는 감정적인 낭비에 불과하다. 천체학자 중에는 비관주의자가 없다고 한다. 미지의 우주를 탐구하는 데 불만과 의심은 전혀 필요없는 감정인 것이다.

불만은 비교에서 시작된다. 보다 좋은 것을 볼 수 없게 된다면 사람들은 저마다 자기 것을 가장 좋아할 것이다.

말은 행동의 거울이다

씩씩하게 끊임없이 내면의 자유를 위해 싸워야 한다.

상대방을 자극하는 말은 삼가야 한다. 본래 험담은 사실보다 과장되어 전해지는 법이다. 그런 일로 인해 업무상 제휴가 잘 안 되거나 이미지가 나빠지면 큰 손해를 보거나 당사자는 정신적인 상처를 입게 된다.

하고 싶은 말이 있을 때는 그 말을 하기 전에 다시 한 번 생각해 보는 습관을 가져야 한다. 자신이 냉정하고 사려 깊은 직장인이라는 마인드를 갖자. 냉정을 잃고 마음이 혼란스러울 때에도 자신의 판단에 따라 실수를 줄이도록 노력해 보자.

집에서나 직장에서나 험담은 삼가는 것이 좋다. 듣는 사람이 가족이라 해도 남을 비난하는 것은 기분 좋게 들리지 않는 법이다. 함께 일하는 동료들 사이에서 험담을 나눈다는 것은 자신의 얼굴에 침을 뱉는 격이다.

말은 마음의 초상이다. 다른 사람들이 할 말이 없어서 입을 다물고 있는 것이 아니다. 생각과 뜻이 있기에 말을 분별해 가면서 조율하는 것이다. 자기가 뜻하는 바를 모두 입 밖으로 내뱉는 사람은 거의 없다. 말을 많이 한다는 것과 잘한다는 것은 별개다.

말도 행동이고 행동도 말의 일종이다. 말로 하는 사랑은 쉽게 외면할 수 있으나 행동으로 보여 주는 사랑은 저항할 수가 없다. "말은 행동의 거울"이라는 솔로몬의 말처럼, 말하는 것은 지식의 확장이고 듣는 것은 지혜의 특권이다. 말하자마자 책임감을 가지고 이를 실행에 옮기는 사람, 그것이 가치 있는 직장인이다.

이제 상대방의 입장을 생각하고 때와 장소에 적합한 말을 하도록 노력하여 더욱 가치 있는 직장인으로 변모해 보자.

모든 것의 시작은 생각으로부터

자신이 특별한 인재라는 자신감만큼 그 사람에게 유익하고
유일한 것은 없다.

자신의 소망이 뜨겁게 타오르면 누구보다도 강한 인
내심이 발휘된다. 자신의 능력과 가치를 믿게 되는
것이다. 명확하고 구체적인 계획을 세운 후 계획을
세워 나가는 동안 믿음이 생기는 것을 느낄 것이다.

명확한 목표를 향해 마음을 집중시키는 것은 믿음의
밑거름이 된다. 자신과의 싸움에서 지지 않도록 최선
을 다하려는 믿음이 필요하다. 즉 자신에 대한 믿음
이 습관이 되도록 노력해야 한다. 그렇게 한다면 어
느덧 경험이 쌓여 한층 더 성숙해진 자신을 발견하게
될 것이다.

성공한 미래의 모습을 그려보는 것도 인내심을 키우
는 데 도움이 된다. 목적 없이 이룰 수 있는 것은 아무

것도 없다. 성과를 남기지 않아도 계획대로 목표를 향해 나아가기만 한다면 그 미래는 현실이 될 수 있다.

할 수 있는 능력이 있는데도 원하는 발전을 이루고 있지 못하다면, 필경 믿음이 분명하지 않기 때문이다. 당신의 태도, 성과, 그날 발생한 상황에 대한 느낌과 선택한 목표에 따라 정보는 달라질 것이다.

살아 있다면 무언가는 바뀔 것이다. 삶은 언제나 예측불허, 그리하여 생은 그 의미를 얻는다. 성공한 사람은 모두 노력했다. 미래는 자신이 가진 꿈의 아름다움을 믿는 사람들의 것이다. 도중에 포기하지 마라. 망설이지 마라. 최후의 성공을 거둘 때까지 밀고 나가자.

인내는 위대하다

내 자신의 이익보다 다른 사람의 이익을 생각하면서 행동해야
모든 일에 자신감이 넘친다.

자신의 한계에 도전할 줄 아는 직장인은 실패하더라
도 무너지지 않는다. 자신을 끊임없이 격려하여 더욱
높은 곳을 향해 발전해 나갈 수 있기 때문이다.

성공을 향해 나아가는 직장인이라면 침착하고 냉정
하며 끝까지 도전을 잃지 않는 품성을 가져야 한다.
친절한 미소로 상대방을 대하고, 언제나 희망으로 가
득 찬 우아함을 지녀야 한다. 물론 이 사항들을 습관
화하기는 힘들다. 어쩌면 커다란 스트레스로 다가올
수도 있다. 그렇기에 인내는 모든 어려움에 적용되는
최상의 처방이다.

잘못을 저질렀을 때 이를 숨기며 회피하려는 사람이
있고 솔직히 인정하며 용서를 구하는 사람이 있다. 어
느 쪽이 지혜롭고 행복한 사람일까?

잘못을 인정한다고 해서 자존심이 상한다고 생각하는 것은 옳지 않은 일이다. 솔직함으로써 더 큰 사랑을 얻기 때문이다.

잘못을 시인하여 얻는 부끄러움, 자괴감은 순간일 뿐이다. 그 순간의 고통을 인내해야만 잘못한 것에 대한 대가를 제대로 치르고 한층 성장할 수 있다. 이렇듯 인내는 믿음의 보호자요, 화평의 유지자이며, 사랑을 육성하는 자요, 겸손을 가르치는 교사다. 인내는 일을 해 나가기 위한 하나의 자본이다.

인내하는 직장인은 반드시 성공을 이룰 수 있다. 인내는 희망을 품는 기술이다. 인내심으로 세상과 맞서라. 목표가 크면 클수록 더욱 더 앞으로 나아가야 한다.

불가능이란 노력하지 않는 자의 변명이다.

웃음은 사람들의 얼굴에서 겨울을 몰아내는 태양과 같다.

생각하는 대로 살지 않으면 사는 대로 생각하게 된다.

자신을 사랑하는 것이야말로 평생 지속되는 로맨스다.

마음은 팔 수도 살 수도 없는 것이지만 줄 수 있는 보물이다.

좋은 평판은 당신이 가질 수 있는 최고의 보물이다.

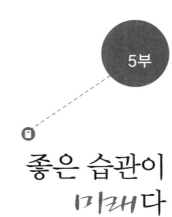

5부

좋은 습관이
미래다

현실적인 비전은 간절하게

늦었다고 생각했을 때가 가장 빠른 때다.

20대 직장인들은 학창시절보다는 조금 더 현명하게 판단할 줄 알고, 자신에 맞는 스펙을 쌓아가며 안목도 키우기 시작한다. 이 시기에 직장인들은 차츰 현실 지향적으로 변하며, 허황된 꿈을 뒤로 하고 현실의 거리를 가늠한다. 자신도 모르는 사이에 현실적인 것과 이상적인 것을 구분하는 판단이 생긴 것이다.

그런 면에서 20대에 꾸는 꿈은 가치 지향적이거나 현실적인 것으로 분리되는 경향이 있다. 가치를 지향했을 경우 도발적일 수 있고, 현실을 중시했을 경우 평범할 수 있다. 평범하든 도발적이든 잘못된 꿈은 없다. 진심이라면 모두 이뤄 내야 마땅한 것이 바로 비전이다.

20대에 꾸는 꿈은 저절로 가슴을 두근거리게 만든다. 생각에만 머물러 있던 것을 실현 가능한 것으로 변화시킬 수 있는 힘이 있기 때문이다.

현실을 직시하면서 꿈을 꾸는 자는 절망에 빠져들 위험이 적다. 특히 뚜렷한 목표를 향해 나아가는 직장인은 더욱 그러하다. 무모한 투자나 소비를 과감하게 외면하고 모험을 하기 전에 신중히 타진해 보는 현실 감각이 뒷받침되기 때문이다.

탁월한 감각은 우연히 생기거나 운이 좋다고 생기지 않는다. 꿈을 꾸고 조금 더 명확한 목표를 제시할 때 새로운 안목이 생기고 습관화되는 것이다.

사람은 누구나 꿈을 이루기 위해 고군분투하는 과정에서 어려움이나 좌절에 부딪힌다. 그리고 성공에 이르기까지 수많은 실패를 반복한다. 실패는 고난을 극복하지 못한 사람들이 겪는 뼈아픈 후유증이다. 이전에 실패하고 좌절했던 자신의 모습을 결코 잊어서는 안 된다. 같은 실수를 반복해서는 안 되기 때문이다.

직장인의 능력과 그 가치를 조명받는 21세기에 살고 있지만, 성공적인 사회생활로 나아가는 길이 대한민국 직장인에게는 여전히 적게 열려 있다는 것을 잊지 말자. 또한 실수를 거듭할수록 성공은 멀어진다는 사실을 인지해야 한다.

그렇기에 과거 자신이 극복하지 못했던 고난에 대해 철저한 대비가 필요한 것이다. 이전에 너무 쉽게 포기한 것은 아닌지, 간절하지 않아서 극복할 마음이 없었는지도 생각해 보자. 그만큼 어떤 마음가짐을 가지느냐에 따라 성공 여부가 판가름난다.

성공은 계산 끝에 얻어지는 것이 아니다. 오히려 한번 실패하고 넘어졌던 곳에서 얻을 수 있다. 꿈에 한 발짝 더 다가서려면 실패를 두려워해서는 안 된다. 어떠한 비전이든 그 꿈에 대한 도전과 간절함이 있다면, 그 도전과 간절함이 저절로 그 직장인을 성공으로 이끌어 줄 것이다.

나를 잘 아는 것만큼 중요한 것은 없다

불가능이란 노력하지 않는 자의 변명이다.

당신은 본인이 어떤 직장인인지 잘 알고 있는가? 어떤 환경에 잘 적응할 수 있는지, 사랑을 받고 있는지, 무얼 하며 살아가고 싶은지 당신은 스스로를 잘 파악하고 있는가?

다양한 지식을 얻는 것만큼 자신에 대해 잘 알고 있는 것도 중요하다. 자신에 대한 믿음이 부족한 경우, 외부에서 유입되는 감정과 정보를 필터링하지 못한다. 무차별적으로 받아들이거나 아예 받아들이지 못하는 경우도 있다. 자신을 잘 모를수록 성공으로 가는 시간이 많이 지체되는 것이다.

그 다음에는 일생 동안 내가 추구하는 바가 무엇인지, 나의 가치관은 무엇인지를 정확하게 인식해야 한다. 느닷없이 덮치는 파도처럼 자아에 대한 혼돈이 스물 넘어서까지 이어지는 것은 곤란하다.

"나도 나를 잘 모르겠다"고 말하는 직장인들은 자아 정립에 부정적이거나 혼돈을 정리하지 못한 것이다. 격변의 시대를 맞이한 21세기 대한민국의 직장인이라면 누구나 자신의 존재에 대한 혼란을 경험한다. 가치관도 수없이 많이 바뀐다. 불혹이 되어서도 그럴 수 있다. 중요한 것은 그것을 고칠 수 있느냐 없느냐다. 나를 잘 파악하게 된다면, 그런 혼란에서 쉽게 벗어날 수 있다.

누구에게나 본인에게 맞는 적성과 소질이 있으며 이는 사람마다 차이가 있다. 스스로에 대한 파악이 이루어졌다면 본인의 능력과 관심을 고려해 직무를 택하고 계속 역량을 키워 나가다 보면 성공은 한층 가까워질 것이다.

진정한 배움은 끝이 없다

인간이 위대한 것은 좌절하고 무너져도 다시 꿈을 꿀 수
있기 때문이다.

자기자신에 대해 알게 되었다면 그 다음에 할 것은
지식과 지혜를 구하는 일이다. 배움이 있는 삶은 남
에게 의존하지 않는 삶을 만들어 준다. 그래서 배우
는 일에 게으름을 피워서는 안 된다. 지금 이 순간 역
시 새롭다. 과거에 잘 알았던 것이라도 오늘 다시 바
라본다면 또 새롭게 배울 것이 있다.

진정한 배움이란 끊임없이 새로운 것을 수용하는 것
이다. 전문적으로 한 가지 이상의 학문을 정해 갈고
닦는 일도 매우 중요하다. 이것이 바로 20대 직장인
의 커리어와 직결된다. 자신이 학생 시절 배운 분야
를 심도 있게 더 파고드는 것도 좋고 전혀 다른 분야
에 대해 학구열을 높이는 것도 좋다.

어느 것이 되었든 그것이 커리어에 도움을 주고 사회
의 중심에 굳건히 서는 데 도움을 준다는 것은 틀림

없다. 그렇게 학문과 학식에 정성을 쏟아야 자신의
가치를 높일 수가 있는 것이다.

실패를 원치 않는다면 배워야 한다. 이따금 능력이나
참된 배움보다 학벌, 이력에 유난히 민감한 우리나라
의 일그러진 통념 앞에 종종 좌절하지만, 진정한 능
력과 학식에 대한 도전은 언젠가는 그 진가를 발휘하
는 법이다.

당신의 미래는 당신이 얼마만큼 배우고 있는가에 달
려 있다. 집에서 TV만 보거나, 발로 뛰지 않는 젊은
이에게 미래는 없다. 실패를 두려워하지 않는 진정한
나와 마주하고, 더 많은 학문을 쌓아 자신의 가치를
높이는 습관을 갖자.

나는 나를 얼마나 믿는가?

웃음은 사람들의 얼굴에서 겨울을 몰아내는 태양과 같다.

살아가는 데 있어 정말 중요한 감정이 있다. 바로 '나에 대한 믿음'이다. 자신감은 나를 믿는 것에서 시작된다. 내가 나를 믿지 않는다면, 세상에 그 누구도 당신을 믿지 않을 것이다.

나 자신과의 약속, 내가 원하는 일, 필요로 하는 일은 무엇이든 최선을 다할 수 있을 거라는 믿음이 있어야 도전이 생긴다. 스스로를 믿지 못하면 행동과 말투에서 열등감이 묻어나고 자연스럽게 불안한 생활이 이어질 것이다.

그런 상태에서는 추상적인 꿈을 꾸게 되고, 시련과 고난이 닥쳤을 때는 하염없이 무너져 내릴지 모른다. 마음에 힘이 없는 것은 육체적으로 힘이 없는 것보다 심각한 병이다.

믿음은 불확실한 성공 가능성이 아니라 내 마음, 내가 가진 도전의 크기에 달려 있다. 세상을 살면서 어떤 상황에 처하더라도 나 자신을 믿고 용기 있게 대처하겠다는 자세가 필요하다.

믿음에는 엄청난 힘이 있다. 믿음만 있다면 어떤 일이 벌어지더라도 상황을 개선시킬 수 있다. 나는 할 수 있기에, 나는 잘 되는 것이다. 그렇게 자신감은 자신을 믿는 데서 온다. 자신감이란 '어떤 상황에서든 적극적으로 행동할 수 있다' 는 도전에서 비롯된다.

그 어떤 고난도 이길 수 있다

생각하는 대로 살지 않으면 사는 대로 생각하게 된다.

최대의 승리는 나를 이기는 것이다. 나를 이길 수 있다면 그 어떤 고난도 이길 수 있다. 살면서 꼭 한 번은 싸워 이겨야 할 사람이 있다. 바로 자기자신이다.

조금만 힘들면 참지 못하고 피하는 자신, 열등감에 휘둘리는 자신, 한두 번의 시련에 쉽게 포기하는 나약한 자신 등 여러 가지 모습의 나 자신을 이기는 것은 삶에 있어 반드시 거둬야 할 승리다. 스스로에게 이기지 못하는 사람은 본인이 만든 약점이 너무 많기 때문이다.

그 약점들을 극복하기 위해서는 아무리 작은 일이라도 소중히 여기며 최선을 다하는 모습이 필요하다. 그래야만 단련이 잘 된다.

목표한 바를 달성할 때까지 멈추지 않고 계속해서 노력하는 것. 모든 일을 긍정적으로 생각하고 자신을 존중하는 것. 작은 인연도 소중히 여기며 상대에게 도움을 줄 수 있는 좋은 관계로 만들어 내는 것. 항상 밝은 미소를 짓는 것. 오늘 하루를 잘 정리하고 내일 할 일을 계획하는 것. 이 모두가 내 안에서 해결되어야 한다. 남을 위해서가 아닌 나와 나의 사랑하는 사람을 위해서 말이다.

나와 싸워 나를 이겨내는 것보다 더 큰 승리는 없다. 내 안에서 일어난 모든 승리는 성취감을, 패배는 그에 대해 인정하는 방법을 가르친다. 패자와 승자 모두의 입장이 되어 보는 것만큼 삶에 꼭 필요한 것도 없지 않은가.

끊임없는 도전에서 오는 혜안

자신을 사랑하는 것이야말로 평생 지속되는 로맨스다.

우리는 일생을 살아가는 동안 수많은 문제들에 부딪치곤 한다. 이를 해결하기 위해서는 무작정 덤벼들지 말고 우선 할 수 있는 일부터 차근차근 풀어가야 한다. 계획에 따라 해야 할 일들을 즐거이 행한다면 도전은 절대 사라지지 않는다. 도전을 최대한 유지하면서 희망에 대해 진지하게 생각하다 보면 본인도 모르게 혜안을 갖게 된다.

큰 희망이 도전을 만들고 큰 미래를 만든다. 그렇게 전력을 다하는 동안 일을 해결하는 노하우가 축적되어 혜안이 만들어지는 것이다. 성공을 위해서는 혜안이 필요하고 혜안은 도전에서 온다. 끊임없이 목표 달성을 위해 매진하는 동안 저절로 체득한 혜안은 성공 이후의 삶에 도움이 된다.

오프라 윈프리는 "세상의 모든 일은 무엇을 생각하느
냐에 따라 일어난다"고 말했다. 그녀의 말대로 생각에
따라 현실은 달라지곤 한다. 때문에 가장 위험한 것은
사고의 폭을 좁혀 도전의 크기를 줄이는 일이다.

어떤 일을 시작할 때 해 보지도 않고 미리 이건 불가
능한 것이라고 선을 그어 버린다면, 그 일은 생각한
그대로 불가능의 영역이 되어 영원히 실현되지 않을
것이다.

반면에 그것은 반드시 해낼 수 있다 생각하고 그 일
에 도전을 한다면 언젠가는 결과를 만들어 낼 수 있
다. 커다란 희망을 품지 않은 자는 결코 미래를 꿈꿀
수가 없는 법이다.

습관과 함께 필요한 것들

기회가 문을 두드리지 않거든 문을 새로 만들어라.

일찍 일어나는 새가 먹을거리를 빨리 잡을 수 있듯이 준비된 직장인만이 기회를 잡을 수 있다.

직장인에게는 시간 관리가 특히 중요하다. 모든 문제를 한 번에 해결하려 하지 말고 오늘 할 일만 잘 매듭짓겠다고 생각하자. 작은 그림부터 차근차근 채워 나가다 보면 큰 그림은 저절로 완성된다.

이제 하루의 계획을 미리 작성해 보는 습관을 갖자. 시간에 따라서 해야 할 일들을 적어 보고 하나씩 실천해 가다 보면 시간을 지배하는 방법을 터득하게 될 것이다.

또한 너무 승리만을 고집하다 보면 인생 전체가 다소 허무해질지도 모른다. 승리가 아닌 기회와 그에 따른 도전이 가져다주는 산물에 대해 생각하는 것이 더욱 가치 있는 일이다.

인생은 환경이 그 자체가 아니라 그에 대해 우리가 어떠한 의미를 부여하느냐에 따라 결정된다. 어떠한 자세로 주어진 환경에 대처하느냐에 따라 미래는 바뀐다.

하루를 마무리할 때 그날 한 일들에 대해 정리하고 그것이 내 인생에 어떠한 의미를 주며 그것이 가치 있는 일임을 스스로에게 각인시키도록 하자. 시간이 없다고 말하는 것은, 다른 일을 하고 싶지 않기 때문은 아닐까.

변명을 버리자

마음은 팔 수도 살 수도 없는 것이지만 줄 수 있는 보물이다.

변명하지 않는 자세는 완벽한 업무를 추구함을 드러내는 보증수표이자, 우수한 직장인이 되기 위해 반드시 갖춰야 할 기본 소양이다.

변명이란 처음에는 개인의 작은 이득을 위해 시작되지만, 시간이 지나다 보면 일종의 습관으로 변모한다. 변명하는 습관이 생기면 점차 편협하고 이기적인 직장인으로 변하게 된다.

"변명 중에서 가장 어리석고 못난 변명은 '시간이 없어서' 라는 변명이다"라는 에디슨의 말처럼, 매번 변명만 하는 사람은 황금보다 소중한 시간을 전혀 관리하지 못하고 아무런 발전도 희망도 없다.

자신에게 핑곗거리를 주지 마라. 변명하려는 나약함을 버려라. 용감하게 도전을 받아들이고 행동으로 맞서 자신의 결과에 대한 책임을 다한다면 당신은 분명 성공을 거둘 수 있다.

옛 선현은 "두 가지 해로운 일을 저울질할 때는 가벼운 것을 택하고, 두 가지 이로운 일을 저울질할 때는 무거운 것을 택해야 한다"는 말을 남겼다. 좁은 마음을 버리면 더 큰 세상으로 나아갈 수 있다.

당신이 두 손을 꽉 움켜쥐고 있을 때는 손 안에 아무것도 없지만, 막상 두 손을 활짝 펴고 나면 온 세상이 당신 손 안에 들어온다.

인류의 위대한 유산, 습관

착한 말은 착한 마음에서, 착한 마음은 자비로운 마음에서
생겨나 능히 하늘을 움직인다.

인간을 가장 훌륭하게 만드는 것은 단연 '도전'이다.
그리고 도전은 '정신'에서 온다.

오래전 생을 마쳐 육신은 사라지고 없지만 여전히 우
리 곁에 남아 도움을 주는 이들이 있다. 우리가 정신
을 필요로 하는 것은 단지 영속성을 얻기 위해서가
아니다.

정신적인 힘을 상실하게 되면 삶은 무감각해지고, 생
활은 대충 흘러가 버린다. 도전은 그러한 정신적인 힘
을 대표하는 막강한 생명력을 가진 인류의 유산이다.

"오늘 할 수 있는 일에만 전력을 쏟아라" 한 뉴턴의 말처럼 도전 없이 큰일을 이루는 법은 없다. 도전은 삶에 필요한 원동력을 보충해 주고, 한 단계 더 승화된 삶과 정신적인 경지를 제시한다.

모든 고상한 도전은 열광의 단계를 지나쳐 더욱 더 지혜롭고 진지하게 결정된다. "천재의 배출은 열심의 결과로 이루어진 것"이라는 말이 있지 않는가.

실수를 했을 때 뒤돌아보지 마라. 과거를 바꿀 순 없지만 미래의 습관은 당신 손에 달려 있다.

과감한 결단

참다운 도전이란 꽃과 같아서 그것이 피어난 땅이
메마른 곳일수록 한층 더 아름답다.

과단성 있고 예민한 직장인은 좋은 기회가 찾아오기를 앉아서 기다리지 않는다. 그들은 자신에게 있는 조건을 최대한 활용하며, 언제나 신속하고 정확한 행동을 취한다.

행동에는 결과가 따르고 그 결과는 자신이 책임져야 한다. 자신의 행동에 대해서는 전적으로 책임지려는 의지를 가져야 한다. 그로 인해 더 좋은 결실을 맺을 수 있는 것이다.

어느 지혜로운 사람이 다음과 같이 말했다.
"과단성이라는 성격은 생명이 성장하는 과정에서 지극히 중요한 부분이며 대단히 필수적인 것이다. 비록 때로는 우리 결단이 잘못된 것일 수도 있지만 대체적으로 결정을 하지 않는 것보다는 낫다."

강한 의지를 지닌 사람들이 무엇인가를 하고자 하면
곧바로 행동을 취하는 이유다. 아무것도 하지 않는
것보다는 시원하게 세상과 맞서는 것이 낫다. 지혜로
운 머리도 중요하지만 과단성 있는 결단력이야말로
무엇과도 바꿀 수 없는 능력이다.

인생의 승자는 "나는 할 수 있다, 나는 할 것이며, 그
렇게 된다"라고 끊임없이 생각하는 사람이다.

성패成敗에 대한 열정

좋은 평판은 당신이 가질 수 있는 최고의 보물이다.

승리를 쟁취하는 것은 매우 중요하지만, 그 과정에서 더러는 대가를 치를 때도 있다. 이때 성패와 득실에 연연해하지 않고 초연해질 수 있다면 한층 더 높은 정신적 경지로 발돋움할 수 있게 된다. 이는 나중에 더 큰 의미의 성공을 이루게 해 줄 것이다.

성공을 바라고 실패를 두려워하는 마음을 갖는 건 인지상정이다. 하지만 인생이라는 긴 여정에서 성패는 단지 순간에 불과하다는 것을 알아야 한다. 만일 일시적인 성공이나 실패를 영구적인 것으로 여긴다면 세상 사람들의 웃음거리가 될 뿐이다.

이기고 지는 것은 생명의 순환 과정이며, 인생은 이러한 성패가 반복되어 이루어진다. 끊임없이 성패가 뒤바뀌는 혼잡한 세상 속에서 살아가는 우리에게 평화로운 마음의 경지를 유지하는 일은 매우 중요하다.

성공한 직장인은 무엇인가를 추구하고자 하는 커다란 욕구를 지니고 있다. 직장생활이나 일상생활 속에서 명예는 늘 우리를 향해 도전의 손짓을 한다. 중요한 것은 바로 그 도전을 물리칠 수 있느냐 하는 점이다.

명예와 이익에 두 눈이 멀지 않고 담담하게 대처하며 사람으로서의 도리를 다해 나간다면 올바른 인생 궤도로부터의 탈선을 미연에 방지할 수 있다. 그 불씨를 유지하기가 쉽지만, 꺼져 버리는 그 순간 다시 그 불꽃을 되살리기가 힘들다.

열정 또한 그러하다. 삽시간에 불타오르기도 하지만 어느 순간 원래 없었던 것처럼 사라져 버리기도 한다. 언제든지 열정을 받아들일 수 있도록 준비를 다 해야 한다. 한번 거세게 타오른 열정은 오래도록 남아 후세에까지 그 온기를 전할 것이다.

낙관론자가 세상을 변화시킨다

남을 조금씩만 신뢰하면 평생 순탄하게 살아가는 데 도움이 된다.

낙관적이면 어려움에서도 밝은 빛을 바라볼 수 있고 역경 속에서도 출구를 찾아낼 수 있다. 또한 자신의 장점을 발휘하고 자신의 도전을 격려하여 내면 속의 잠재력을 발굴해 낼 수 있다.

당신이 낙관적이라면 주위 사람들을 매료시키고 감동시킬 수 있어 그들의 이해와 지원도 쉽게 얻어 낼 수 있다. 이것은 단순한 마인드만으로 얻을 수 있는 엄청난 이득이다. 낙관에는 비용이 들지 않는다. 그저 본연의 자리를 즐기면서 삶을 관조하기만 하면 누구나 실천할 수 있는 마음이다.

낙관은 의지의 문제이고 비관은 감정의 문제다. 사람은 행복한 생각을 하면 행복해지고 슬픈 생각을 하면 슬퍼진다. 당신은 당신이 생각하는 대로 이루어질 것이다. 자신에게 긍정적으로 말하고, 긍정적인 생각을 하도록 노력하자.

칼릴 지브란은 "당신이 태양을 등지고 있을 때 당신은 그저 자신의 그림자만 볼 수 있다"고 말했다. 이 말은 우리 자세가 우리 환경을 만든다는 의미를 담고 있다. 우리는 낙관적인 태도로 인생을 대하는 방법을 선택해야 한다. 오직 그렇게 해야만 생활 속의 아름다움을 발견할 수 있다.

낙관이란 근본적으로 인생은 좋은 것이요, 결국 인생 속에 있는 선이 악을 정복한다는 믿음에 근거한 철학이다. 그것은 모든 어려움, 모든 고통 속에서 어떤 좋은 것이 포함되어 있다는 것을 전제로 한다.

감사하고 또 감사하라

인생의 열매는 자신이 맺은 것이라야 그 맛이 황홀하다.

이 세상은 그 자체가 기적이다. 그러므로 세상은 보답이 뭔지 알고 감사해하는 이에게만 두터운 사랑을 돌려준다. 만일 우리가 진정 감사하는 마음으로 매일 떠오르는 아침해를 맞이하여 당연히 짊어져야 할 모든 책임을 진다면, 당신은 이 세상이 얼마나 아름다운지 발견할 수 있을 것이다.

"감사는 예의 중에서 가장 아름다움 형태"라고 J. 마르뎅이 말한 것처럼, 감사는 과거를 향한 덕행이 아니라 미래를 살찌게 하는 덕행이다. 감사하는 마음을 지니게 되면 간단한 말 한 마디도 신비한 역량으로 가득 넘쳐나게 만들고, 사소하고 잡다한 일들조차 순식간에 친밀감을 느끼게 만들어 준다.

영국의 작가 새커리는 말했다. "인생은 하나의 거울이다. 당신이 웃으면 따라 웃고, 당신이 울면 따라 운다."

그렇게 감사는 인생을 아름답게 변화시켜 준다.

가장 축복받는 직장인이 되려면 먼저 가장 감사하는 사람이 되자. 감사 없는 소망은 의식 불명의 소망이요, 감사 없는 믿음은 줏대 없는 믿음이요, 감사 없는 생애는 사랑이 메마른 생애다. 어떤 아름다운 것도 거기서 감사를 빼면 내면의 절음발이로 전락한다.

낙관, 세상을 아름답게 만들고 모두를 웃게 만드는 놀라운 의지다. 이를 실천하여 세상 모든 것에 감사하고 당신의 내면까지 충만하고 인간답게 가꿔 보도록 하자.

성공은 가만히 앉아 있는 사람이 아닌, 성공을 향해 전진하는 사람에게 찾아온다. 감사함을 습관화하면 자기자신을 충분히 신뢰하게 되고, 무엇이건 못해 낼 게 없다.

내공을 갖춘 따뜻한 리더가 되자

신은 우리가 행복하기를 바란다. 그래서 우리 마음속에 행복해지고
싶어하는 욕구를 심어 두었다.

누군가를 리드하기 전에 자신의 인생을 리드하라. 내
인생에 대한 책임은 내가 확실하게 지고 있는가? 20대
직장인에게만 아니라 리더를 희망하는 모든 사람에게
묻고 싶은 말이다.

리더로서의 도전, 멘토로서의 역할, 커뮤니케이션,
인맥, 영향력, 무게감은 리더의 기본 조건이다. 이제
나만의 키워드로, 나만의 고유한 표현이 뒤따르는 매
력적인 리더가 되어야 한다. 사회는 그런 리더를 찬
양하고, 더 따르기 때문이다.

리더가 되기 이전에 이미 당신은 전문가가 되어 있어
야 한다. 당신이 잘하는 일에 집중하게 되면 주변에
서 먼저 당신을 알아줄 것이며, 당신이 리드해 주길
바랄 것이다.

어떤 영역이든지 정상까지 가본 직장인은 성공할 가
능성이 높다. 한 분야에서 갖은 역경의 시간을 견딘
경험이 또 다른 어려움을 견딜 수 있는 내공이 된다.

진정한 리더가 되고 싶다면 우선 자신이 가장 잘하는
일에 집중하라. 성공한 직장인들은 공통적으로 자신
의 인생을 주도한다. 일을 할 때는 한 치의 오차도 용
납할 수 없을 정도로 치밀하고 정확하게 일하고 결과
에 대해서는 냉정하게 판단한다.

나를 뛰어넘어 타인을 리드하려면 많은 내공이 필요
하다. "리더십이란 두 사람 이상의 사이에서 영향력
을 발하는 관계의 존재"라고 정의 내린 바 있다. 함께
하는 사람 사이에서 따뜻한 감정이 흐를 수 있게 하
는 것이 좋은 리더다.

진정한 프로가 되자

내 친구는 완벽하지 않다. 나도 마찬가지다.
그래서 우리는 너무나 잘 맞는다.

프로는 만족하는 수준이 아닌, 필요로 하는 수준이어야 한다. 그게 바로 프로다. 직장인이니까 실수하더라도 용서해 주겠지 하는 마음은 버려야 한다. 이런 사고가 직장인 리더의 성장을 가로막는 장애물이다. 그런 생각은 조직에서의 경쟁력을 떨어트리고 일을 와해시킨다.

미래는 당신이 지금 무엇을 생각하고 행동하고 있느냐에 따라 결정된다. 당신의 인생은 당신이 희망하는 곳으로 천천히 옮겨간다. 진정한 리더를 꿈꾼다면 당신을 믿고 함께하려는 사람들을 책임질 만큼 강해져야 한다.

남들이 추켜세워 주고 인정한다고 해서 정체해서는
안 된다. 다른 사람들로부터의 인정이 아니라 스스로
가 인정할 수 있는 능력과 경험을 쌓아야 한다. 한 자
루의 칼이 만들어지기까지는 1,800도가 넘는 뜨거운
불과 수천 번의 쇠망치질을 견뎌야 한다. 우리 스스
로 강해지기 위해서는 그에 상응하는 고난과 역경을
견뎌내야 한다. 리더십은 그 과정을 통해 자연스럽게
당신의 몸에 깃들 것이다.

배우려거든 사리에 맞게 묻고, 조심스럽게 듣고, 침
착하게 대답하라. 그리고 더 할 말이 없으면 침묵하
기를 배우는 습관을 가져 보자.

명확한 목표가 팀워크를 강화한다

인내 없는 도전은 광기에 불과하다.

공유된 가치가 팀을 강화시킨다. 비전은 방향과 확신을 줌으로써 임무를 이룩하는 과정에서 중요한 순간에 서로를 의지할 수 있게 만든다. 리더의 역할을 부여받았다면 팀이 합당한 보상을 받을 수 있도록 신경써야 하며, 중요한 사안은 팀 전체와 상의하고 의지해서 결정하도록 한다.

겁이 많거나 게으름 때문에 목표도 없이 방황을 거듭하는 사람들이 팀워크를 어지럽힌다면 작은 일도 이룩하기 어렵다. 뜻을 세운다는 것은 목표를 선택하고, 그 목표에 도달하도록 할 행동 과정을 결정하는 것이다.

결정한 다음에는 목표에 도달할 때까지 결정한 행동을 계속 이어가기만 하면 된다. 리더는 팀원들의 개인적인 성향을 잘 파악하고 그들이 어떠한 목표를 세웠는지, 그 목표가 팀 전체의 목표와 부합하는지 잘 따지고 조율해야 한다.

최소한 한 가지는 이루겠다는 목표를 세워 보자. 서비스 업종에 있는 직장인은 고객에게 하루에 최소한 한 가지 서비스를 하겠다는 목표를 세워 보자. 개개인의 이야기에 귀를 기울여 모든 주의력을 집중하면 상대에 대해 많은 정보를 알게 되고 할 수 있는 일을 발견하게 될 것이다.

"나는 할 수 있다. 나에게는 저력이 있다. 나에게는 오직 전진뿐이다." 이런 신념은 당신의 목표를 달성시키는 데 큰 힘이 된다. "너의 길을 걸어가라. 사람들이 뭐라 하든 내버려두라"라는 단테의 말처럼 목표를 향해 우직하게 걸어가 보자.

하루에 한 가지씩 무언인가 하기로 자신과 약속해 보자. 약속 하나하나를 머릿속이나 수첩에 기록해 두고 이행할 것을 스스로와 약속해 보자. 전문성이 개발되고, 타인에게 의지하지 않게 되고, 자신의 힘으로 달성할 수 있는 목표가 구체화되는 것을 느낄 수 있을 것이다.

개인은 물론이거니와 팀에게도 중요한 것은 지구력이다. 지구력 없이 존재하는 것은 아무것도 없다. 목적 없이 행동하지 말고, 절대 멈추지 마라. 계속 걸어가라. 그리하면 도달할 것이다. 목표를 점검하고 매일 실행하고 있는 긍정적인 계획을 기록해 보는 것이 습관이다.

현실은 꾸는 꿈만큼만 이루어진다

삶은 환경에 도전하는 성장이다.

시종일관 일관성 있는 꿈을 꾸면 행동도 그것을 이룰 수 있는 쪽으로 발달된다. 이를 통해 꿈은 현실로 이어져, 마침내 현실을 바꿔 낸다.

미래를 바꾸려면 확고한 목표를 세우고 자신이 가지고 있는 모든 자원을 꿈을 향해서 쏟아부으면 된다. 꿈은 미래의 청사진이다. 어떤 미래를 꿈꾸느냐에 따라 현실은 바뀌게 되어 있다.

자신의 꿈이 이미 이루어졌다고 믿고 행동하다 보면 매순간 달라진 자신의 모습을 보게 된다. 꿈을 이루기 위한 의식을 반복하고 이를 확장하면 스스로 변화를 겪게 되며, 행동이 바뀌면 운명 또한 바뀐다. 그 운명이 꿈인 것이다.

과거의 행동이나 말에 의해서 안 좋은 에너지가 있다면, 지금 바꿔 나가도록 하자. 자발적으로 계발한 습관만이 자신을 지배할 수 있다.

사람을 강하게 만드는 것은 사람이 하는 일이 아니라 하고자 노력하는 것이다. 그리고 사람들이 진심으로 서로 신뢰할 때 속도가 생긴다. 인간의 삶은 대체로 스스로에 대해서 상상하는 그대로 이루어진다.

현실보다 뚜렷하게 상상하라

진실한 용기는 두려움과 대담함 사이에서 나온다.

승진이 목표라면 승진한 자리에서 일하고 있는 당신의 모습을 그려보라. 꼭 '이미 이루어진 것처럼' 생각해야 한다. 스스로 긍정적인 시각화를 믿기 시작한다면, 그것은 자신의 것이 된다. 이를 3주 이상 반복해야 습관이 된다.

목표는 새로운 비전을 만드는 것이다. 날씬하고 균형 있는 몸매를 목표로 정했다면, 그 모습처럼 건강하고, 날씬하고, 균형 있는 몸매를 가진 당신의 모습을 늘 그리자. 그 상상이 일상이 된다면 이미 그 목표를 향해 저돌적인 에너지를 뿜어 낼 수 있다.

커리어맨(우먼)이 목표라면, 일하고 있는 당당하고 멋진 당신의 모습을 그려보라. 리더로서 동료들과 함께 일하는 상황을 상상해 보면, 목표에 도달한 모습의 시각화가 이루어진다. 사랑하는 사람들에게 둘러싸인

240

채 맘껏 성공을 만끽하는 당신의 모습을 통해 꿈은 더욱 구체적인 결과로 나타날 것이다.

희망은 인간의 꿈이다. 꿈이 있는 한 아무리 어려움을 겪더라도 도전해 볼 만하다. 어떠한 일이 있더라도 꿈을 잃지 말아야 한다.

꿈은 희망을 버리지 않는 직장인에게 주는 선물이다. 큰 희망이 큰 직장인을 만든다. 희망은 어떤 상황에서도 필요하다. 희망을 품지 않은 자는 절망도 할 수 없다. 절대 누군가에게서 희망을 빼앗지 마라. 가진 것의 전부일 수도 있으니.

지금 당장 막막하다고 생각해도 자기가 하고 싶은 희망을 크고 높게 잡자. 성공한 직장인들의 특징은 항상 희망을 꿈꾸고 준비한다는 것이다.

신념, 성공한 자의 종교

살아 있는 한 부지런히 배우라. 세월이 지혜를 가져다주기를 기다리지 마라.

자기가 하는 일에 신념을 갖지 않으면 안 된다. 괴테는 "누구나 자기가 하는 일이 좋다고 굳게 믿으면 힘이 생기는 법이다"라고 말했다. 성공의 비결은 목적을 향해 시종일관하는 것이다.

한 가지 목표를 버리지 않고 지켜 나간다면 반드시 싹이 틀 때가 온다. 사람이 성공하지 못하는 것은 처음부터 끝까지 한길로 나가지 않았기 때문이지 성공의 길이 험악해서가 아니다. 부지런하고 신념을 가진 직장인에게 인생은 너무나 짧다.

그러나 게으른 사람, 신념이 없는 사람에게는 인생이 천 년이라도 만 년이라도 그 시간은 의미를 갖지 못한다. 하루하루가 겹쳐 한 달이 되고 일 년이 되고 십 년이 되듯, 인생의 위대한 사업도 서서히 그러나 꾸준히 변함없이 계속해 나가는 동안에 드디어 열매를 맺는다.

직장인은 자신이 하는 일에 대하여 신념을 가져야 한다. 누구나 자신이 옳다고 확신하는 일을 실행할 만한 힘을 가지고 있다. 자신에게 그 같은 힘이 있을까 주저하지 말고 앞으로 나아가라. 게으름과 나태함을 벗고 신념의 문을 열면, 당신도 성공의 반열에 발을 딛게 될 것이다.

승진을 하거나 월급을 많이 받는 것으로 자신감은 얻을 수 있겠지만, 신념은 얻을 수 없다. 신념은 본인 스스로 가꾸고 만들어야 하는 것이다. 이는 외부에서 오지 않는다.

신념은 도전의 근원이다. 도전이 없다면 그 무엇도 이룰 수 없다. 이제 나만의 신념으로 사그라지지 않는 끝없는 도전을 품고, 정상에 우뚝 서 보자.

계산된 모험, 습관이 청춘이다

생각을 바꾸면 습관이 바뀌고 습관이 바뀌면 행동이 바뀌고
행동이 바뀌면 인생이 달라진다.

끝내 성공한 직장인들은 누구나 저마다의 승리를 위
해 고군분투하며 자신과의 싸움을 견뎌낸다. 그 과정
에서 요구되는 것이 이성적이고 치밀한 판단에 의한
'계산된 모험' 이다.

일찍이 자기자신과의 싸움을 통해 깨달음을 얻은 직
장인이라면 성공으로 가기 위해 요구되는 사안들을
이미 잘 알고 있다. 본인이 어떤 마음가짐을 가지느
냐에 따라, 만들어 낼 수 있는 시간과 기회가 달라짐
을 알기 때문이다.

성공으로 향하는 동안 가슴이 먹먹하고 머리가 복잡
해져 온다면 나 자신과의 싸움에 어떻게 대처했었는
지 떠올려 보자. 아직 싸움을 걸어보지 못했어도 상
관은 없다. 실제 성공과 내 자신과의 싸움을 하나의

목표로 두고 철저한 계산 아래 일로매진한다면 시간
이 걸리더라도 성공은 결국 자신의 것이 될 것이다.

우리는 거울 앞에서 자신의 앞모습만 체크한다. 자신
과의 싸움에서 승리하려면 평소에 신경 쓰지 않았던
뒷모습까지 꼼꼼히 살피자.

뿌린 만큼 거둔다. 뜻이 있는 곳에 길이 있다. 실패는
성공을 위한 리허설이다. 청년들이여, 야망을 품어
라! 최고가 되기보다는 최선을 다하자. 능력은 스스
로의 노력에 의해 결정된다.

우리는 함께 갈 때 훨씬 빨리 갈 수 있고 좋은 습관을 익
히게 되면 성공은 반드시 뒤따라 온다. 크게 생각하라.
작게 생각하는 것보다 결과치가 크다. 잘 될 것이다. 잘
할 수 있다!

좋은 습관이 큰 미래를 만든다

펴낸날   초판 1쇄 2014년 3월 15일

지은이   강규남 · 유현우
펴낸이   서용순
펴낸곳   이지출판

출판등록   1997년 9월 10일 제300-2005-156호
주 소   110-350 서울시 종로구 율곡로6길 36 월드오피스텔 903호
대표전화   02-743-7661 팩스 02-743-7621
이메일   easy7661@naver.com
디자인   박성현
마케팅   서정순
인 쇄   꽃피는청춘(주)

ⓒ 2014 강규남 · 유현우

값 10,000원

ISBN 979-11-5555-016-8 02320

※ 잘못 만들어진 책은 바꿔 드립니다.

이 도서의 국립중앙도서관 출판시도서목록(CIP)은 서지정보유통지원시스템 홈페이지
(http://seoji.nl.go.kr)와 국가자료공동목록시스템(http://www.nl.go.kr/kolisnet)에서
이용하실 수 있습니다.(CIP제어번호: CIP2014008258)

좋은 습관이
큰 미래를 만든다